RETIRO
Quaresmal 2023

RETIRO Quaresmal 2023

"Dai-lhes
vós mesmos
de comer"
(Mt 14,16)

Edições Loyola

Capa e Diagramação: Desígnios Editoriais
Projeto gráfico: Ronaldo Hideo Inoue
Preparação e revisão de texto: Maria Suzete Casellato
Imagem de capa: Luís Henrique Alves Pinto

Edições Loyola Jesuítas
Rua 1822, 341 – Ipiranga
04216-000 São Paulo, SP
T 55 11 3385 8500/8501 • 2063 4275
editorial@loyola.com.br
vendas@loyola.com.br
www.loyola.com.br

Todos os direitos reservados. Nenhuma parte desta obra pode ser reproduzida ou transmitida por qualquer forma e/ou quaisquer meios (eletrônico ou mecânico, incluindo fotocópia e gravação) ou arquivada em qualquer sistema ou banco de dados sem permissão escrita da Editora.

ISBN 978-65-5504-221-4

© EDIÇÕES LOYOLA, São Paulo, Brasil, 2022

104222

Sumário

Apresentação, 9

Introdução, 13

1. O que é um Retiro Quaresmal?, 13
2. Como organizar-se para o Retiro Quaresmal?, 13
3. Como usar o Roteiro do Retiro Quaresmal?, 14
4. Como fazer a oração pessoal diária?, 14
5. Como revisar a oração?, 15
6. Como fazer a *Oração de Atenção Amorosa*?, 16
7. Como fazer uma leitura orante
(se for um texto de ensinamento da Escritura)?, 17
8. Como fazer uma Contemplação evangélica
(se o texto for uma cena bíblica, especialmente,
um acontecimento ou mistério da vida de Cristo)?
Como proceder?, 18
9. Acompanhamento no Retiro Quaresmal, 18
10. "Dicas" para os animadores espirituais do Retiro Quaresmal, 19

Semana Introdutória, 21

Introdução, 22
Quarta-feira de Cinzas, 23
Quinta-feira após as Cinzas, 26
Sexta-feira após as Cinzas, 28
Sábado após as Cinzas, 31

Primeira Semana da Quaresma, 33

Introdução, 34
Domingo da Primeira Semana da Quaresma, 35
Segunda-feira da Primeira Semana da Quaresma, 37
Terça-feira da Primeira Semana da Quaresma, 38
Quarta-feira da Primeira Semana da Quaresma, 39

Quinta-feira da Primeira Semana da Quaresma, 40
Sexta-feira da Primeira Semana da Quaresma, 41
Sábado da Primeira Semana da Quaresma, 43

Segunda Semana da Quaresma, 45

Introdução, 46
Domingo da Segunda Semana da Quaresma, 46
Segunda-feira da Segunda Semana da Quaresma, 48
Terça-feira da Segunda Semana da Quaresma, 49
Quarta-feira da Segunda Semana da Quaresma, 51
Quinta-feira da Segunda Semana da Quaresma, 53
Sexta-feira da Segunda Semana da Quaresma, 54
Sábado da Segunda Semana da Quaresma, 56

Terceira Semana da Quaresma, 57

Introdução, 58
Domingo da Terceira Semana da Quaresma, 59
Segunda-feira da Terceira Semana da Quaresma, 61
Terça-feira da Terceira Semana da Quaresma, 63
Quarta-feira da Terceira Semana da Quaresma, 66
Quinta-feira da Terceira Semana da Quaresma, 68
Sexta-feira da Terceira Semana da Quaresma, 70
Sábado da Terceira Semana da Quaresma, 73

Quarta Semana da Quaresma, 75

Introdução, 76
Domingo da Quarta Semana da Quaresma, 77
Segunda-feira da Quarta Semana da Quaresma, 80
Terça-feira da Quarta Semana da Quaresma, 82
Quarta-feira da Quarta Semana da Quaresma, 84
Quinta-feira da Quarta Semana da Quaresma, 86
Sexta-feira da Quarta Semana da Quaresma, 89
Sábado da Quarta Semana da Quaresma, 91

Quinta Semana da Quaresma, 93

Introdução, 94
Domingo da Quinta Semana da Quaresma, 95
Segunda-feira da Quinta Semana da Quaresma, 97
Terça-feira da Quinta Semana da Quaresma, 100
Quarta-feira da Quinta Semana da Quaresma, 102
Quinta-feira da Quinta Semana da Quaresma, 104
Sexta-feira da Quinta Semana da Quaresma, 107
Sábado da Quinta Semana da Quaresma, 109

Semana Santa, 111

Introdução, 112
Domingo de Ramos, 114
Segunda-feira da Semana Santa, 115
Terça-feira da Semana Santa, 117
Quarta-feira da Semana Santa, 119
Quinta-feira da Semana Santa, 121
Sexta-feira da Semana Santa, 122
Sábado Santo, 124
Domingo de Páscoa, 126

Mensagem final, 128

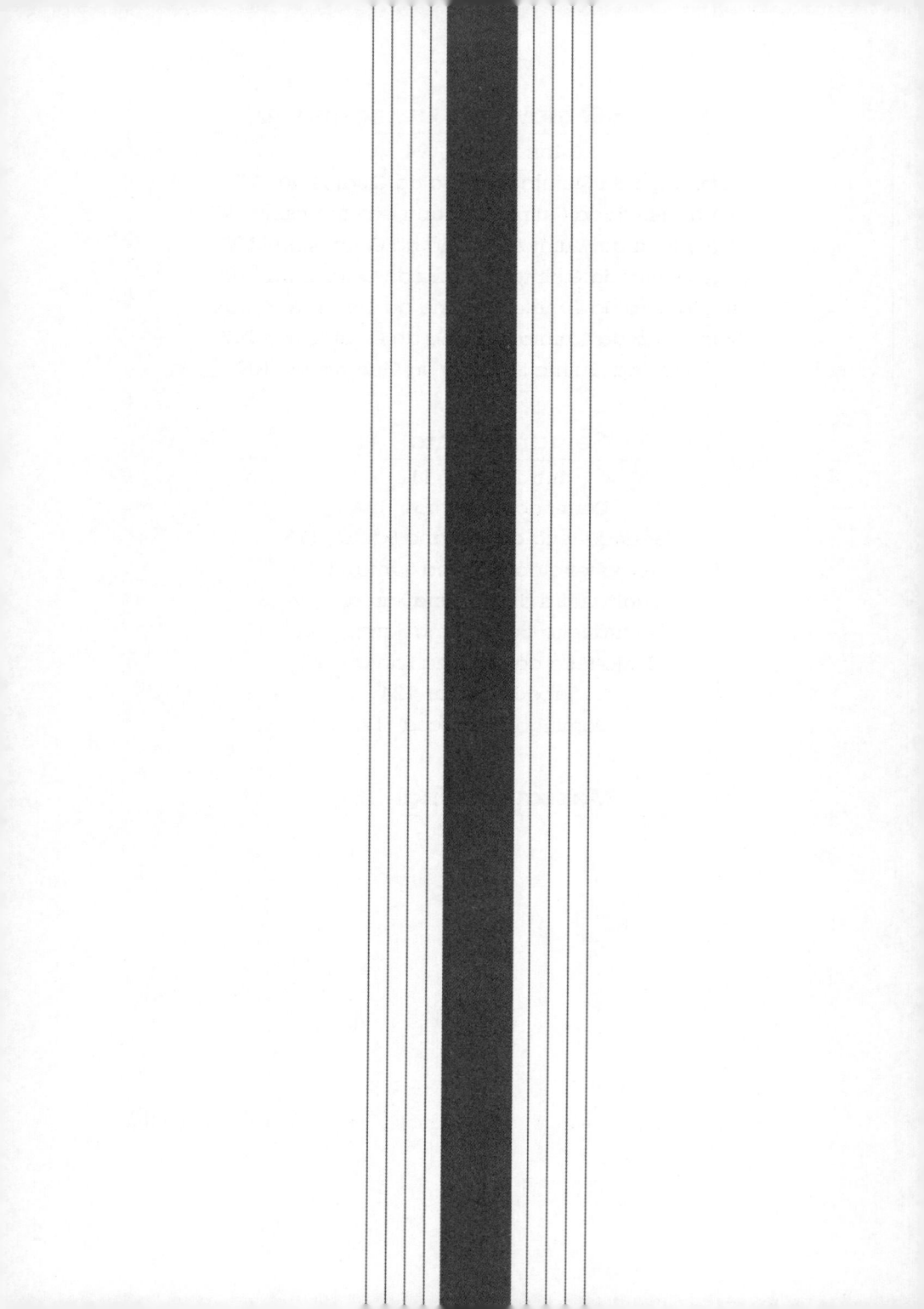

Apresentação

Pelo 19º. ano consecutivo, a "Rede Servir" (rede inaciana de colaboração, fé e espiritualidade), em parceria com a "Rede Diaconia", ambas da Companhia de Jesus no Brasil, elaborou um roteiro de oração para ajudar a vivenciar, de um modo sempre novo e inspirador, o tempo litúrgico da Quaresma. Trata-se do já conhecido "Retiro Quaresmal".

A **Quaresma** é um tempo litúrgico que deve ser vivido sempre como "novo"; o fato de se repetir a cada ano, nos faz correr o risco de tornar a Quaresma banal, rotineira, algo já conhecido.

Por outra parte, o contexto social no qual nos movemos não favorece uma inspirada vivência do tempo quaresmal. O mundo não tem disposição de viver quaresmas, e sim carnavais.

A Quaresma nos convida a superar a superficialidade e viver sintonizados com nossa interioridade; o carnaval, pelo contrário, nos convida a viver a cultura da aparência, da vaidade; a Quaresma nos chama à autenticidade; o carnaval, à mediocridade.

O tempo litúrgico quaresmal nos motiva a tomar consciência do que significa viver como seguidores(as) de Jesus Cristo no mundo de hoje. Há muitas situações que atentam contra a vida: violências, ódios, intolerâncias, destruição do meio ambiente, miséria e fome... Mas, como cristãos, o centro de nossa vida é Jesus Cristo: sua pessoa, sua mensagem, seu compromisso em aliviar o sofrimento humano. Ele desencadeou um movimento de vida, nos instiga a viver intensamente e colocar a nossa vida a serviço da vida. Cremos que este mundo só encontra a luz verdadeira na vida e na mensagem de Jesus, no mistério de sua Páscoa.

Por isso, a palavra-chave da Quaresma é **conversão;** é preciso retornar à casa paterna, esvaziar nossa autossuficiência e viver a partilha como hábito de vida. Em outras palavras: deixar transparecer em nossa vida a imensa bondade e providência do Deus Pai/Mãe.

Para ajudar a tornar a nossa vida mais oblativa, aberta e comprometida, a Campanha da Fraternidade da Igreja no Brasil nos situa diante de uma realidade que nos escandaliza: em um país, como o nosso, grande produtor de alimentos, a fome se apresenta com sua face aterradora.

Com o provocativo tema – **"Fraternidade e fome"** – e o lema – **"Dai-lhes vós mesmos de comer"** – somos chamados a despertar nossa sensibilidade solidária frente a esta vergonhosa situação de fome que muitos padecem. Não podemos continuar passivos e indiferentes frente a esta realidade tão desumana. Onde há fome é sinal de que o Evangelho não está sendo vivido de modo coerente pelos cristãos.

Assim, em sintonia com o movimento humanizador de Jesus, a Quaresma se apresenta como um momento privilegiado para despertar os nossos recursos internos e ativar nosso espírito solidário. Para isso, é preciso redescobrir o caminho do coração.

O "Retiro Quaresmal" é uma excelente mediação para viver com mais sentido e inspiração este tempo litúrgico tão nobre; ao mesmo tempo, ele nos abre a possibilidade de acessar nossa interioridade e destravar os impulsos relacionais que nos habitam: relação com Deus (oração), relação com os outros (esmola) e relação com as coisas (jejum).

Os roteiros de oração aqui propostos, seguindo a metodologia inaciana de oração, foram elaborados por uma equipe de jesuítas, com o desejo de ajudá-lo(a) a crescer na intimidade com o Senhor e na abertura solidária a tantos que vivem à margem da vida: Pe. Emmanuel Araújo, SJ (1ª Semana); Esc. João Melo, SJ (2ª Semana); Pe. Adroaldo, SJ (Semana Introdutória; 3ª, 4ª e 5ª Semanas); Pe. José Antônio Netto de Oliveira (Semana Santa).

Uma Santa "travessia" Quaresmal a todos(as)!

Pe. Adroaldo Palaoro, SJ
Coordenador do Retiro Quaresmal

Retiro Quaresmal 2023

"Dai-lhes vós mesmos de comer"

(Mt 14,16)

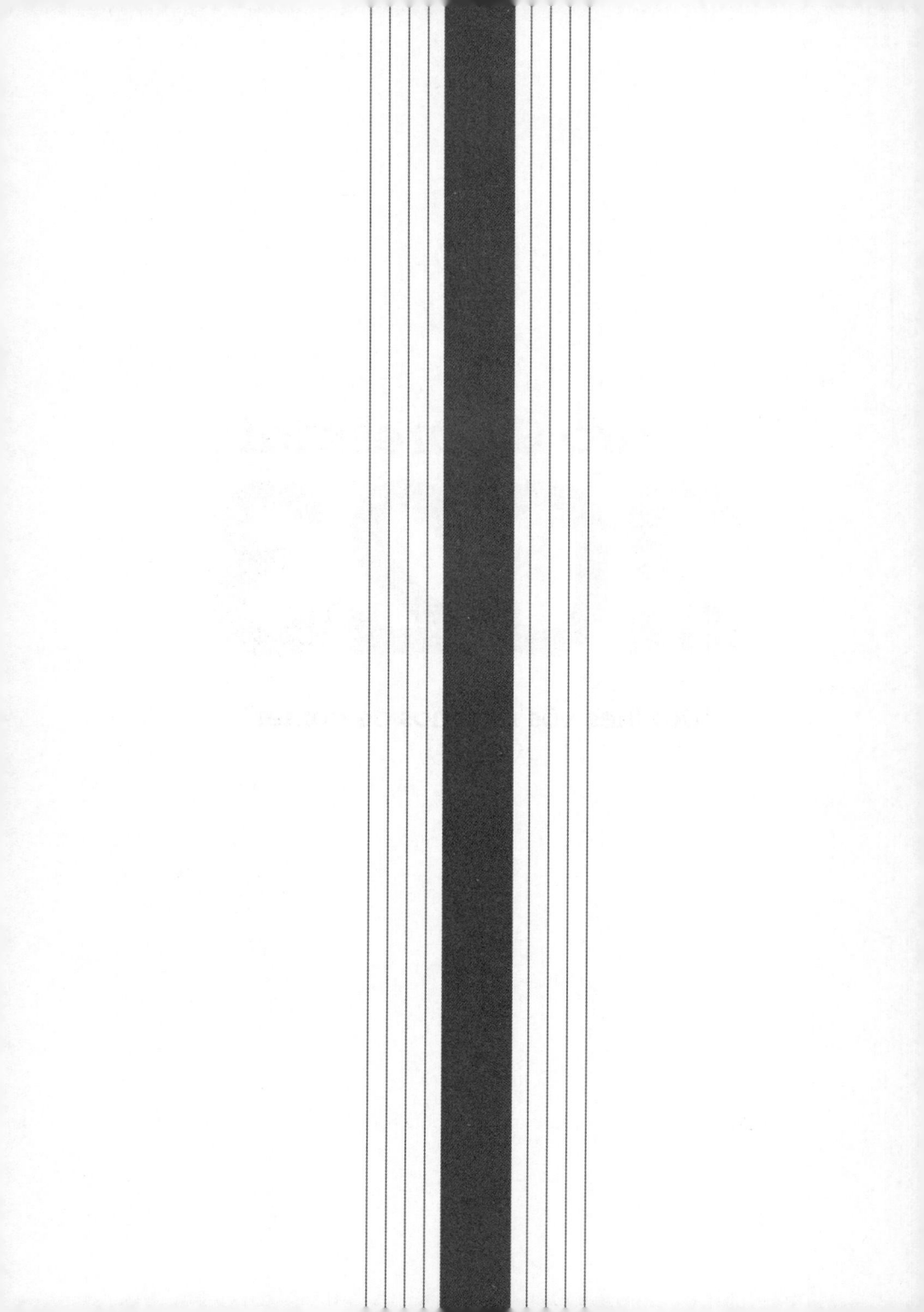

Introdução

1
O que é um Retiro Quaresmal?

O Retiro Quaresmal oferece um roteiro de exercícios de oração diária elaborado segundo a metodologia de Santo Inácio de Loyola. O roteiro oferece uma forma especial de fazer o retiro individualmente em casa, no tempo da Quaresma, visando a uma boa preparação para a Páscoa do Senhor. Fundamentalmente, o Retiro Quaresmal é um caminho de oração, feito no dia a dia, por determinado tempo, baseando-se em exercícios de oração sugeridos e elaborados neste livrinho que ora apresentamos.

2
Como organizar-se para o Retiro Quaresmal?

O "coração" do Retiro Quaresmal está em dedicar-se, por pelo menos 30 minutos diários, à oração pessoal, de acordo com os exercícios sugeridos.

É muito importante reservar um tempo propício para esse "encontro íntimo com o Senhor"; é preciso reconhecer que é difícil manter uma rotina de oração. Isso pede muita fidelidade.

Assim como ensina Santo Inácio, é preciso muito ânimo e generosidade para começar o retiro.

O melhor tempo para a oração diária é aquele em que a pessoa está mais descansada, menos dispersa e agitada pelas preocupações do dia. Seria bom que fosse sempre à mesma hora. Se isso não for possível, pelo menos faça um plano semanal.

Recomenda-se ter uma espécie de diário espiritual (caderno de vida), onde se anota aquilo que, durante a oração, aconteceu de mais importante e significativo para o crescimento na fé e em sua prática na vida ou apelos de conversão pessoal. Isso vai facilitar a partilha no grupo de oração.

3
Como usar o Roteiro do Retiro Quaresmal?

a. Este roteiro segue as seis semanas da Quaresma, com "pontos" que animam a oração, desde o domingo até a sexta-feira. Todos os textos apresentados seguem os evangelhos propostos pela liturgia para o Tempo Quaresmal.

b. Para os sábados, este roteiro pede que se faça uma repetição. Trata-se de escolher a oração da semana que mais o tocou, ou aquela que foi mais difícil para você. Escolhida a oração, repita da mesma maneira como vem fazendo em todas as outras orações, mas dê especial atenção àquilo que mais o marcou na primeira vez em que fez a oração. Não raras vezes acontece de, somente durante a repetição se conseguir uma experiência de oração mais profunda.

c. Cada semana começa com uma introdução. Nela, você encontra uma explicação geral que o tema da semana lhe dá, assim como a graça a ser pedida. Essa é a graça que deve pedir todos os dias dessa semana.

d. Tratando-se de Retiro Quaresmal, os exercícios começam na Quarta-feira de Cinzas, como uma etapa introdutória. Nela, a pessoa é convidada a entrar, conscientemente, no caminho de oração dos Exercícios na Vida Diária e a dispor-se a uma atitude orante.

e. No final de cada dia, antes de dormir, dedique 10 minutos à Oração de Atenção Amorosa (cf. nº. 6).

4
Como fazer a oração pessoal diária?

a. Escolha um lugar apropriado para a oração e uma posição corporal que mais lhe ajude. Desligue o celular, cuide para não receber visitas ou ser interrompido(a).
A ambientação ajuda: vela, crucifixo e bíblia.

b. Pacifique-se através do silêncio exterior e interior. Para isso, ajuda respirar profundamente várias vezes, de maneira pausada. Talvez uma música ambiente bem baixinha também ajude a criar um clima de oração. Uma vez que se sinta pacificado, faça o sinal da Cruz.
c. Tome consciência de que você está acolhendo a presença de Deus como amigo; invoque sempre o Espírito Santo.
d. Faça uma oração de oferecimento na qual todos os pensamentos, palavras, sentimentos e ações sejam colocados nas mãos de Deus para que Ele os transforme. Ajuda expressar todas as preocupações, todas as alegrias, todas as dificuldades; tudo o que está acontecendo na vida deve ser dito a Deus.
e. Peça a graça de acordo com o roteiro de cada dia.
f. Vá ao texto do dia, seguindo as orientações sugeridas. Dedique tempo à Palavra de Deus e às imagens e lembranças que ela vai trazendo. Saboreie a Presença de Deus dentro do seu coração.
g. Termine com uma despedida amorosa, agradecendo por aquilo que aconteceu na oração. Depois, reze um Pai-Nosso e uma Ave-Maria.

(**N.B.**: nos números 7 e 8 desta introdução, você encontrará outros dois modos de orar os textos bíblicos indicados.)

5
Como revisar a oração?

a. Após cada tempo de oração, faça a revisão geral de tudo o que nela ocorreu.
b. Tome o caderno e anote, primeiro, como se saiu no tempo de oração pessoal. Que elementos ajudaram? Que dificuldades apareceram?
c. Em um segundo momento, anote aquilo que lhe pareceu mais importante para o crescimento da fé e para a vida:
    - Que Palavra de Deus mais o tocou?
    - Que sentimentos predominaram nessa oração?
    - Sentiu algum apelo à conversão, desejo, inspiração?
    - Que resistências sente para seguir esse apelo ou inspiração?

(**N.B.**: essa revisão pode ser utilizada para a partilha da oração em grupo.)

6
Como fazer a *Oração de Atenção Amorosa?*

À noite, antes de deitar, é indicado fazer uma retrospectiva do dia com um momento de oração (10 minutos), chamado Oração de Atenção Amorosa. Trata-se do exame espiritual de consciência. Inácio de Loyola teve uma visão mais ampla desse exame, não apenas vendo as falhas, mas lançando um olhar para todo o dia vivido, em uma atitude de gratidão e serenidade. Aqui, a pessoa é chamada a tomar consciência da ação do Senhor durante os eventos do dia. Conclui-se confiantemente, colocando o futuro nas mãos de Deus.

Seguem, abaixo, os cinco passos para esse exercício:

1 Agradecimento
Agradeça a Deus por tudo o que viveu neste dia. Sinta-se como pobre que tudo agradece.

2 Invocação ao Espírito Santo
Invoque o Espírito Santo, pedindo luz para olhar o seu dia com os olhos de Deus: *"Que o Espírito me ajude a ver-me um pouco mais como Ele próprio me vê"*.

3 Um olhar sobre o dia que passou
Contemple o dia que passou. Deixe passar, diante de seus olhos, o dia todo ou coloque-se diante de alguns acontecimentos. Não precisa avaliar-se ou julgar-se; dedique mais tempo àqueles acontecimentos que mais lhe chamam a atenção.
Encontra motivos para agradecer? Permitiu que Deus atuasse em você, sendo sinal de sua presença e amor para com os outros?

4 Pedido de perdão
Reconhecendo-se frágil e pecador, peça perdão ao Senhor por suas faltas ou pelo bem que deixou de fazer, não se deixando conduzir por seu Espírito.

5
Oração de conclusão

Confie ao Senhor o seu amanhã, desejando vivamente assumi-lo com olhar e coração renovados. Trata-se de um novo dom a ser vivido intensamente na alegria e na esperança.
Reze um Pai-Nosso.

7
Como fazer uma leitura orante
(se for um texto de ensinamento da Escritura)?

a) **Leitura do texto**
É a escuta atenta da Palavra na fé. Faça a leitura com todo o seu ser, pronunciando as palavras com os lábios; releia, devagar, versículo por versículo. Pergunte-se: *o que diz o texto em si?*

b) **Meditação**
Pare onde o texto lhe fala interiormente; não tenha pressa, aprenda a saborear, a ruminar a Palavra. Pergunte-se: *o que diz o texto para mim?*

c) **Oração**
A oração agora brota do coração tocado pela Palavra, feita na leitura e meditação. Deus é Pai que nos ama muito mais do que poderíamos ser amados. Pergunte-se: *o que o texto me faz dizer a Deus?* A oração pode expressar-se por momentos de louvor, de ação de graças, de súplica, de silêncio e, sobretudo, de deixar que o Espírito reze em nós.

d) **Contemplação**
A contemplação é o momento de intimidade, na qual se deixa a iniciativa a Deus. Trata-se de saborear o momento com o Senhor. Vá acolhendo o que lhe vier à mente, o que tocar o seu coração: desejos, luzes, apelos, lembranças, inspirações...

e) **Ação**
A Palavra acolhida e saboreada produz frutos de fé e amor na sua vida. Dê a sua resposta, confirmando a Palavra do Senhor. Pergunte-se: *o que o texto e tudo o que aconteceu nesta oração me fazem saborear e viver?*

Finalize a oração com uma despedida amorosa. Reze um Pai-Nosso e uma Ave-Maria.

Saindo da oração, faça a sua revisão (cf. n°. 5)

8

Como fazer uma Contemplação evangélica (se o texto for uma cena bíblica, especialmente, um acontecimento ou mistério da vida de Cristo)? Como proceder?

- Recorde a história e use a imaginação para entrar na cena evangélica.
- Procure **ver**, contemplando cada pessoa da cena; dedique um olhar demorado, sobretudo, à pessoa de Jesus (se for o caso). Olhe, sem querer explicar ou entender.
- Tente **ouvir**, prestando atenção às palavras ditas ou implícitas: o que podem significar? E se fossem dirigidas a mim?
- **Observe o que fazem** as pessoas da cena. Elas têm nome, história, sofrimentos, buscas, alegrias? Como reagem? Percebe os gestos, os sentimentos e atitudes, sobretudo, de Jesus?
- **Participe** ativamente da cena, deixando-se envolver por ela. Além de ver, ouvir, tente apalpar e sentir o sabor das coisas que nela aparecem.
- E, refletindo, **tire proveito** de tudo o que ocorreu durante a oração.
- Finalize com uma despedida amorosa. Reze um Pai-Nosso e uma Ave-Maria. Saindo da oração, faça sua **revisão** (cf. nº. 5).

9

Acompanhamento no Retiro Quaresmal

Além das orientações dadas, seria desejável um acompanhamento mais direto. Há duas possibilidades:

a. Recomenda-se às pessoas que desejam fazer o retiro formarem grupos por proximidade geográfica ou afetiva, sejam grupos já existentes, sejam grupos a se constituírem. O objetivo é reunirem-se, semanalmente de preferência, para a partilha das experiências (cf. nº. 10);

b. Tanto quanto possível, os grupos sejam acompanhados por um orientador experiente nos Exercícios Espirituais de Santo Inácio, auxiliado por outros acompanhantes idôneos que se disponham a prestar esse serviço pastoral.

10
"Dicas" para os animadores espirituais do Retiro Quaresmal

- Constituído o **grupo** na diversidade de pessoas, mas desejosas de viver o Caminho Quaresmal com mais intensidade, o **animador espiritual** combina local e data para a primeira reunião; ali, ajudado pelas orientações e explicações contidas no início do livrinho Retiro Quaresmal, o animador poderá detalhar mais o objetivo dessa modalidade de retiro, o sentido do Tempo Quaresmal, os encontros semanais para partilha, o ritmo diário de oração de cada participante. Pode, também, indicar os "passos para a oração pessoal", segundo a metodologia inaciana.

- Verificar se todos adquiriram o livrinho Retiro Quaresmal; é recomendável que cada participante tenha um "caderno de vida"; isso ajudará a registrar a experiência vivida em cada oração e melhor preparar-se para a partilha no grupo.

- Antes de cada encontro de partilha, o animador prepara o **ambiente:** lugar propício, velas, a Palavra de Deus no centro, flores, cadeiras, estampas etc., de acordo com a criatividade de cada um ou do grupo.

- Inicia-se o encontro com cantos, alguma oração vocal, um texto bíblico (pode ser algum texto que foi rezado durante a semana), um momento de interiorização.

- O animador espiritual motiva os participantes à partilha da oração vivenciada durante a semana que passou; reforçar que não se trata de debate nem discussão de ideias, nem resolução de dúvidas, nem réplica ao que o outro falou. O clima deve ser de acolhida amorosa da oração do outro. **A partilha é também oração.**

  (Tomar cuidado para que algumas pessoas não monopolizem a partilha e que a plena liberdade de cada um seja garantida na experiência espiritual);

- A partir da realidade em que se encontram os participantes, o animador os irá conduzindo com delicadeza, tato e bom senso, fazendo com que a **partilha** vá adquirindo, em um ambiente de muita serenidade e confiança, maior qualidade espiritual. Cada pessoa poderá partilhar, muito livremente, a ação do Senhor no seu interior: as alegrias experimentadas, as dificuldades, os apelos que sentiu, a maneira como o Senhor falou, conduziu e manifestou sua presença durante a semana que passou ("movimentos do coração").

Que impacto a oração está tendo na vida pessoal, familiar, eclesial, social?

- Após o tempo da partilha, o animador espiritual poderá fazer breves indicações para a oração da **semana seguinte**; poderá realçar os "passos para a oração", o "pedido da graça", a avaliação da oração, o registro das "moções" no caderno de vida. Animar cada participante à fidelidade ao tempo de oração, mesmo nas dificuldades; buscar ajuda quando sente que algo está travando a experiência espiritual.
- Terminar o encontro com algum canto ou o Pai-Nosso.

Semana Introdutória

"O jejum que eu quero é este:
repartir a comida com quem passa fome."
(Is 58,6-7)

Utilize este QR CODE para assistir ao vídeo com
as orientações sobre as orações desta semana.

Introdução

Mais uma vez a Quaresma vem ao nosso encontro e nos convida a recomeçar um caminho novo; talvez seja necessário refazer nossa rota de vida pois nos desviamos por caminhos que levaram a um autocentramento, à superficialidade, à frieza nas relações com os outros, ao consumismo, ao afastamento da presença de Deus.

A vivência quaresmal nos convida a descer até à raiz da vida, à fonte germinal, porque só a partir dali é que se pode construir e se pode caminhar.

Diante do novo que a Quaresma nos propõe viver, na realidade o que importa não é tanto o caminho pessoal que devemos percorrer (podemos cair num intimismo e numa vivência piedosa sem atitude compassiva diante dos outros). O que realmente importa são os encontros surpreendentes que acontecem ao longo da travessia do deserto existencial, sobretudo com os pobres, excluídos, aqueles que estão à margem da vida...

A Campanha da Fraternidade deste ano quer despertar em nós uma sensibilidade solidária com aqueles que são vítimas de uma estrutura social e política que concentra os bens nas mãos de poucos, de maneira especial os alimentos. **"Fraternidade e fome"** denuncia a vergonhosa chaga social dos famintos em um país que é grande produtor de alimentos. A fome clama aos céus e ressoa em nosso coração; ela é expressão de uma profunda incoerência dos cristãos que se dizem seguidores d'Aquele que veio multiplicar os alimentos. Estamos muito distantes das primitivas comunidades cristãs que *"tinham tudo em comum, partiam o pão pelas casas com alegria e simplicidade de coração"* (At 2,46).

Graça a ser pedida nestes primeiros dias da Quaresma:

Senhor Jesus, dá-me sensibilidade solidária e espírito de partilha diante da desigualdade social que vivemos.

Quarta-feira
de Cinzas

"Quando jejuardes, não fiqueis de rosto triste como os hipócritas."
(Jl 2,12-18; Sl 50(51); 2Cor 5,20-6,2; Mt 6,1-6.16-18)

- Mobilize todo o seu ser para viver com mais intensidade este "percurso quaresmal".
- Alimente ânimo e generosidade para deixar-se conduzir pelo mesmo Espírito que conduzia Jesus.
- Não se entra em oração de uma maneira apressada; é preciso uma preparação através dos "passos" para a oração: escolher um lugar tranquilo, desconectar-se dos meios eletrônicos, pacificar o corpo e a mente, respirar profundamente, tomar consciência de estar diante de Deus, descer ao fundo do coração...
- É importante também ter presente a oração preparatória (*"que todas as minhas ações, sentimentos, pensamentos, desejos... sejam puramente ordenados a serviço e louvor de Deus)*, a composição vendo o lugar da cena bíblica (usando a imaginação) e a petição da graça própria deste início quaresmal.
- Leia atentamente as indicações abaixo para ajudar a aquecer o seu coração como preparação para entrar em intimidade com o Senhor.

A Quaresma chega de novo, sempre nos chamando a acolher a Boa Notícia a partir de dentro, a partir da conversão do coração. Embora "sejamos pó e ao pó retornaremos", o que é mais autêntico se revela servindo e amando, como Aquele que é o caminho, a vida e a verdade.

As **"Cinzas"**, que são colocadas sobre nossas cabeças, deveriam despertar em nós a consciência de que todos procedemos do pó; são as cinzas que nos unificam e quebram toda pretensão de poder, de vaidade, do desejo de nos colocarmos acima dos outros... O que a cultura do ódio e da indiferença separa, as cinzas fazem a liga e reatam os vínculos... É com o barro das cinzas que somos reconstruídos como seres humanos, quebrados pela violência, preconceitos e ódios...

"Convertei-vos e crede no Evangelho": este apelo ressoará em todas as igrejas e comunidades cristãs; e também terá uma ressonância especial em nosso interior, pois irá direto ao mais profundo em nós, ao coração, onde é gerada a confiança que afasta os medos, a aliança que gera relações verdadeiras, a meta que dá sentido à nossa vida. É ali, nas profundezas de nosso ser, que nasce o amor maior, capaz de expandir nossa vida; é ali que aprendemos a amar ao Tu que nos habita; ali que aprendemos que em cada um está presente um desejo de infinito que só o Tu divino pode preencher. É também ali, justamente ali, que nascem o **jejum**, a **esmola** e a **oração**, ou seja, as atitudes vitais que nos afastam do superficial e nos fazem descobrir o essencial: vida que se faz partilha, amor que se doa, sensibilidade que se compromete.

Para que isso aconteça, o tempo litúrgico quaresmal nos convida a "considerar" as nossas **relações vitais**: com Deus, conosco, com os outros e com o mundo.

À luz da Campanha da Fraternidade deste ano, o **jejum** adquire um novo sentido; em primeiro lugar, porque nos associa ao jejum de Jesus; e, em segundo lugar, porque nos inspira a viver uma relação justa e harmoniosa entre os alimentos e o nosso eu, não nos deixando possuir por eles e nem querendo possuí-los. A justa relação com as coisas e os alimentos consiste em reconhecer com gratidão o valor desses dons que Deus criou para suprir as necessidades básicas de todos. O jejum nos esvazia de nosso ego e desperta nossa solidariedade para com tantos irmãos nossos que carecem do mais essencial, em parte, pelo mau uso que fazemos dos recursos da natureza, em parte, devido à nossa acumulação e monopolização desmedida desses recursos.

Assim, o jejum nos sensibiliza a viver a partilha para podermos sair do nosso "ego inflado" e entrar em sintonia com os outros; o jejum faz nascer em nós a generosidade, o despojamento, o verdadeiro sentido da pobreza evangélica e, sobretudo, a nos sentirmos irmãos com o irmão. Quem sabe partilhar, nunca se empobrece, pelo contrário, se enriquece infinitamente.

A **esmola** (*"elemosyne"*) sempre esteve ligada à compaixão e piedade. Quem partilha o que tem é compassivo e misericordioso (*"eleémon"*). Trata-se, fundamentalmente, da inclinação para os desfavorecidos. A misericórdia (qualidade da esmola) é a atitude própria de quem tem um coração sensível à miséria do outro. Mantém profundamente unidos o sentimento de compaixão e ternura com a solidariedade efetiva. Está atenta à necessidade de cada pessoa, que em alguns casos será econômica, em outros psicológica, em muitos afetiva...

Uma das qualidades mais atraentes da esmola é precisamente sua capacidade para criar laços de comunhão. Se cada um põe suas riquezas a serviço dos outros e se deixa socorrer em suas necessidades, criará verdadeira comunidade.

A esmola – misericórdia em ação – é uma realidade central para o cristão. Trata-se de uma virtude tão querida e apreciada pelo Senhor que a pôs em prática, fazendo-se, Ele mesmo, "esmoleiro".

Por fim, a Quaresma nos revela o verdadeiro sentido da **oração**: ela é uma mão estendida para o divino; não é dobrar a vontade de Deus a nosso favor; pelo contrário, é colocar-nos em sintonia com Ele, para entendermos o que é melhor para nosso verdadeiro bem. É deixar Deus ser Deus, ou seja, deixar que Ele revele sua paternidade/maternidade para com cada um de nós, na sua providência e cuidado.

A melhor oração não é aquela que nos enche de palavras; não deveríamos preencher a oração de palavra "nossa", mas de escuta da Palavra de Outro. Na oração, como em toda relação humana, precisamos alimentar uma atitude de escuta que busca "entrar em sintonia", ser consciente, estabelecer e consolidar a relação, caminhar para a verdade, construir pontes...

- Leia, saboreando, o evangelho deste dia: **Mt 6,1-6.16-18**.
- Ao longo da Quaresma, você é movido(a) a "cristificar" suas relações básicas: com Deus, com os outros, com as coisas e consigo mesmo.
- Neste primeiro dia de retiro, verifique sua vivência frente a essas relações: qual delas está mais fragilizada? como alimentá-las? como torná-las mais oblativas, abertas...?
- Converse com o Senhor sobre cada uma das relações; diante dele, mergulhe no verdadeiro sentido da **oração, jejum e esmola**: tais práticas é que vão dar sentido ao percurso quaresmal.
- Termine sua oração fazendo um pequeno exame dos apelos e inspirações que lhe vieram à tona, registrando-os no seu "caderno de vida".

Quinta-feira
após as Cinzas

"Se alguém quer vir após mim..."
(Dt 30,15-20; Sl 1; Lc 9,22-25)

- Quando esperamos alguém especial, nós caprichamos na preparação para acolhê-lo bem; assim acontece na oração.
- Prepare seu "espaço interior" para uma profunda intimidade com o Senhor; para isso, recorde os "passos para a oração", a oração preparatória, a composição vendo o lugar da cena bíblica, a petição da graça para estes dias.
- Para ajudar a criar um clima interior favorável, leia os "pontos para a oração", abaixo.

Quem se deixa inspirar pela Quaresma sente que sua vida se destrava, se expande, quebra a petrificação do "ego" e abre-se às surpresas do Deus rico em misericórdia. Nada mais contrário ao espírito do Evangelho que a vida instalada e uma existência estabilizada de uma vez para sempre, tendo pontos de referência fixos, definitivos, tranquilizadores... Seguir Jesus é colocar a vida em movimento, é impulso para ir além de si mesmo; vida fecunda, potencial humano; vida com fome e sede de significado, que busca o sentido... Vida que é encontro, interação, comunhão, solidariedade. Vida que é seduzida pelo amor, pela ternura; enfim, vida "cristificada".

À luz disso, que significa, então, *"renunciar a si mesmo"*, *"tomar a cruz de cada dia"*? Será que Jesus veio "complicar" nossa vida com mais peso, mortificação, sofrimento...? Essa afirmação parece estar em contradição com outra afirmação de Jesus encontrada em Mateus: *"Vinde a mim, todos vós que estais cansados e carregados de fardos, e eu vos darei descanso". "Pois o meu jugo é suave e o meu fardo é leve"* (Mt 11,28-30).

No grego, "cruz" é *"staurós"* e significa: prontidão, estar preparado, mobilizado, firme, sólido, estar de pé, ser fiel até o fim...

Jesus não buscou a cruz do sofrimento, o patíbulo, a morte violenta... E não quer isso para os seus (suas) seguidores(as). Ele buscou a *"staurós"*, ou seja, a cruz da fidelidade, da vida comprometida. Nesse sentido, a *"staurós*-cruz" é vida aberta, expansiva, oblativa, vida descentrada em favor dos outros. Ela não é um evento, mas um modo de viver, pois perpassa toda a vida de Jesus. "Cruz-*staurós*" é vivida a partir de uma causa: o Reino.

Assim entendemos a afirmação de Jesus no evangelho deste dia: *"Se alguém quer vir após mim, renuncie a si mesmo, tome sua 'cruz*-staurós' *cada dia e siga-me"* (Lc 9,23). Significa esvaziamento do próprio "ego" para viver em sintonia com os outros, sobretudo com os mais sofredores.

Jesus, em seu convite ao seguimento, nos pediu a *"renúncia"* de um ídolo especialmente perigoso e sutil: nosso **"ego"**. Exigiu-nos distância dele, não nos deixarmos determinar por ele, negá-lo, não nos colocarmos a seu serviço...

Nosso ídolo interior, nosso "ego", exige culto, sacrifícios, seguidores que lhe sirvam. Por isso, agrada-nos que nos louvem, que nos coloquem num pedestal, que nos incensem.

Quando alguém entra no fluxo dessa falsa "liturgia", brota, imediatamente, o veneno do desprezo, do ódio, da violência, do autoritarismo...

Quando Jesus propõe "renunciar a si mesmo", na realidade está dizendo: *"renuncie a si mesmo como ídolo!"*. Ele desmascara essa tendência diabólica que nos habita. Quantas vezes nos surpreendemos sendo nós mesmos nossa principal preocupação! Frequentemente nos tornamos o centro, fazendo com que tudo gire em torno ao nosso próprio "ego". Temos o hábito de nos aproximarmos das pessoas que nos agradam, que nos bajulam, que compartilham nossos apegos desordenados, que nos dão a razão em tudo, que engordam nosso "ego".

A partir de nossa ego-latria, vamos criando e alimentando muitos outros ídolos externos, que minam as nossas forças, matam nossa criatividade e esvaziam todo espírito solidário: a busca do poder, da riqueza, da fama, da conquista... Tudo isso nos faz entrar no círculo de morte e destruição de nós mesmos.

A destruição dos ídolos começa por nós mesmos, esvaziando o ídolo de nosso ego. "Renunciar a si mesmo" não é renunciar ao que é mais belo que temos recebido: uma personalidade com características únicas, uma liberdade admirável com capacidade criativa, um espírito compassivo e solidário, uma capacidade de relação gratuita... O que Jesus pretende é tirar nosso "ego" de seu recinto individualista e nos situar no amplo espaço do Reino de Deus. Podemos expressar isso numa linguagem tomada da ciência ecológica: Jesus nos chama a abandonar nosso *"ego-sistema"* para transladar-nos ao *"eco-sistema"* de seu Reino.

Assim, a conversão não é mudança de hábito, externo... é retorno ao nosso interior para dali extrair nossa bondade, compaixão, mansidão, busca do bem... e transformar o mundo.

É acesso ao "eu nobre", ao que é mais original e humano que está para além do "ego inflado", uma ilusão que, muitas vezes, paralisa a nossa vida.

Em nossa identidade profunda somos paz, bondade, fome e sede de justiça, misericórdia...

- Leia, sentindo e saboreando internamente, as palavras provocativas de Jesus no evangelho deste dia; acolha-as e confirme seu desejo de fazer caminho com Ele, na prontidão e fidelidade.
- Converse com o Senhor como um(a) discípulo(a) conversa com seu mestre; deixe que o chamado de Jesus desmascare seu "ego" fechado e prepotente.
- No final da oração, faça um pequeno exame da mesma, destacando os apelos, luzes, inspirações e moções que brotaram do seu coração.
- Registre no seu "caderno de vida" aquilo que o Senhor escreveu em seu coração.
- Viva em contínua ação de graças; tudo é Graça; você é agraciado(a).

Sexta-feira
após as Cinzas

"Porque jejuamos, nós e os fariseus, ao passo que os teus discípulos não jejuam?"
(Is 58,1-9a; Sl 50(51); Mt 9,14-15)

- A oração é um momento privilegiado de encontro com o Senhor; por isso, não se pode improvisá-la ou entrar na oração de qualquer jeito. É preciso "tirar as sandálias" porque o lugar do encontro com o Senhor é sagrado.

- Afine seus ouvidos interiores para ouvir a voz inconfundível do Senhor e deixe-se inspirar por ela; abra seu coração à passagem do Senhor! Deus sempre é surpreendente e tem algo inédito a lhe revelar.
- Capriche na preparação para a oração; tenha presente os "passos para a oração" e os preâmbulos: oração preparatória, composição vendo o lugar da cena bíblica, petição da graça.
- Leia, com calma, as indicações abaixo; elas são uma ajuda para mobilizar seu interior.

Jesus, durante sua missão, desencadeou um *"movimento de vida"* e vida em plenitude. Por isso, sua religião não é jejum, mas celebração de bodas e comunhão de mesa (refeição compartilhada).

Fariseus e batistas antigos (e muitos cristãos de hoje) entendiam o jejum como rito de mortificação, uma renúncia centrada em si mesmo e esvaziada de qualquer relação com os outros. Jejuar por sacrifício, para assim ter "méritos" diante de Deus.

No seu horizonte, o outro não está presente; jejum autocentrado é tortura inútil.

Contra essa mentalidade, Jesus identifica a religião com uma festa de casamento, isto é, com um caminho de amor. O amor de casamento não é jejum, mas dom e aprendizagem em intimidade, em felicidade. Deus criou os seres humanos para que vivam em amor, não em sofrimento e mortificação.

Jesus e seus seguidores não jejuam; rejeitam a visão penitencial da existência. Entendem e celebram as refeições como sinal de Deus, mas devem ser refeições abertas aos pobres, sem distinções de pureza-impureza. Comem e bebem em meio a um mundo injusto, para iniciar um caminho de revelação do Deus do Reino, partilhando o pão e o vinho com os necessitados, na alegria e na solidariedade. Nesse contexto eles podem afirmar que está presente o noivo: o amor é mais forte que a injustiça; a criação de Deus supera a injustiça dos homens. Não rejeitam nenhum alimento.

Para Jesus, todo tempo é tempo de bodas e refeição, não é sacrifício de jejum, nem ascese corporal. Dessa maneira, Jesus está convidando seus amigos (discípulos, pobres, enfermos) ao prazer supremo do Reino de Deus, como mensageiro das Bodas de Deus, e Noivo universal.

Mais que jejum de alimento e bebida, é preciso jejuar de soberba, de vaidade, de consumismo, de nos fazermos centro de tudo, de ativismo, de afetos desordenados...

Tudo aquilo de que jejuamos deixa um vazio em nosso interior, e só o **amor** poderá preenchê-lo.

Concluindo, o jejum e a abstinência nos conduzem ao autocontrole e à autoestima, e são sinônimos de desintoxicar-nos, desconectar-nos, desapegar-nos, desprender-nos... Ou seja, fazer tudo o que nos leve a ser pessoas mais equilibradas, autônomas e livres...

Fazer jejum significa ativar e reforçar os dinamismos humanos oblativos, ou seja, aqueles que nos des-centram e nos expandem na direção do serviço e do compromisso com o outro, sobretudo os mais pobres e excluídos. Se o jejum não nos faz mais compassivos, solidários, com espírito de partilha... ele se reduz a uma simples penitência, vazia de sentido.

A Quaresma deverá, então, ser um tempo para *"jejuar alegremente"*; e isso implica duas coisas:

– jejuar de julgar os outros e festejar a nobreza escondida em cada um; jejuar de preconceitos que nos afastam e fazer festa por aquilo que nos une na vida; jejuar das tristezas e celebrar a alegria; jejuar de pensamentos e palavras doentias e alegrar-nos com palavras carinhosas e edificantes; jejuar de lamentar fracassos e festejar a gratidão; jejuar de ódio e festejar a paciência santificadora; jejuar de pessimismos e viver a vida com otimismo; jejuar de preocupações, queixas e lamentações, e festejar a esperança e o cuidado providente de Deus; jejuar de pressas e ativismos e saber festejar o repouso reparador...

- Abra o seu coração para acolher a Palavra do evangelho deste dia: **Mt 9,14-15**.
- Desperte o desejo de viver um "jejum solidário", durante esta Quaresma.
- Traga à memória o lema da CF: *"dai-lhes vós mesmos de comer";* este é o verdadeiro jejum: o espírito de partilha, o compromisso em favor de um mundo onde não haja mais fome...
- Na intimidade dialogal com o Senhor, desperte outras "fomes" em seu coração: de justiça, de igualdade, de comunhão de bens...

- Dê graças ao Senhor por este momento de intimidade com Ele.
- Registre em seu caderno de vida as inspirações e moções de consolação ou desolação que brotaram de seu encontro com o Senhor.

Sábado
após as Cinzas

Repetição

"**Repetir**" não é re-fazer os tempos de oração deste início da Quaresma; é estar atento(a) à ação do Senhor ao longo desses dias: os apelos, os "toques" no coração, as moções (consolação/desolação) etc... Por onde passou o Senhor? O que Ele está "escrevendo" em seu coração? Que maravilhas Ele está realizando em sua vida?

Retorne ao seu "caderno de vida" em atitude de gratidão; faça memória do início do "percurso quaresmal" que você está vivendo.

Ao mesmo tempo, desperte "ânimo e generosidade" para prosseguir no caminho começado, em companhia daquele que vai em direção à sua Páscoa.

Você está no início do retiro quaresmal e é normal que surjam dificuldades na oração, resistências, medos... O importante é a fidelidade ao método da oração.

- Comece sua oração seguindo as indicações presentes no início deste livrinho: os passos para criar um clima interior favorável, os preâmbulos, a graça a ser pedida...
- Deixe vir à memória os primeiros movimentos deste retiro quaresmal: encontrou dificuldade? Facilidade? A intimidade com o Senhor está fluindo?
- Converse com o Senhor: louve, agradeça...
- Registre os primeiros frutos experimentados no início deste retiro quaresmal.
- Alimente a disposição de "mergulhar fundo" na experiência da Primeira Semana da Quaresma. Coragem!

Anotações Espirituais

Primeira Semana da Quaresma

"Todos comeram e ficaram saciados, e dos pedaços que sobraram recolheram doze cestos cheios."

(Mt 14,20)

Utilize este QR CODE para assistir ao vídeo com as orientações sobre as orações desta semana.

Introdução

Na quarta-feira de cinzas, iniciamos a Quaresma com um gesto penitencial que expressa o nosso desejo e compromisso de viver intensamente esse tempo de preparação para a Páscoa do Senhor. A Quaresma está articulada em torno do simbolismo bíblico dos 40 dias ou 40 anos. Por exemplo: o dilúvio durou 40 dias e 40 noites e foi a preparação de uma nova humanidade; Moisés passou 40 dias na Montanha antes de receber as Tábuas da Lei; Israel passou 40 anos caminhando no deserto para chegar à Terra Prometida; Elias caminhou por 40 dias e 40 noites pelo deserto para chegar ao Monte Horeb, onde teve uma nova experiência de Deus; Jesus, depois do Batismo, foi conduzido pelo Espírito ao deserto, onde jejuou por 40 dias e 40 noites e, sendo tentado, confirmou sua missão de Servo.

Esse número na Sagrada Escritura tem um forte simbolismo, que transborda da liturgia para a nossa vida cotidiana e para a história: indica um período de preparação em vista de um grande acontecimento transformador e renovador, que se dará por graça de Deus. É um itinerário de fé e de vida a ser percorrido, que nos pede empenho e esforço e que conduz a uma nova condição vital.

Com esse forte simbolismo, iniciamos a primeira semana da Quaresma, empenhados, com a graça de Deus, em renovar nossas vidas pela prática da oração, da escuta atenta da Palavra, da penitência, da esmola e do jejum. E, neste ano, em comunhão com toda a Igreja do Brasil, traduzimos esse empenho na busca efetiva de cultivar a fraternidade diante da realidade de fome, da injustiça e do abandono de grande parte de nossa população, acolhendo o apelo que o Senhor nos faz: **"Dai-lhes vós mesmos de comer"** (Mt 14,16).

Por isso, entrando no deserto com o Senhor para esse tempo forte de retiro, vou pedir a ele nesta primeira semana:

Graça a ser pedida:

Senhor, dá-me a graça de um coração sempre mais fraterno, capaz de compartilhar com os irmãos e irmãs mais necessitados os dons recebidos de vossa bondade.

Domingo
da Primeira Semana da Quaresma

"Se és o Filho de Deus, manda que estas pedras se transformem em pães."
(Gn 2,7-9.3,1-7; Sl 50(51); Rm 5,12-19; Mt 4,1-11)

Como batizados e batizadas, nossa vocação e missão é a de servidores, servidoras, da missão do Cristo Servo. Somos chamados a viver na perspectiva do dom – tudo é dom, tudo é graça – e a doar nossas vidas no amor e no serviço, diante de tanto dom recebido. Mas, se somos chamados a reconhecer que tudo é DOM, também somos sempre tentados e provocados a **transformar o DOM em POSSE** e a viver em busca de nosso próprio amor, querer e interesse.

Jesus viveu este combate. No Batismo, sabendo que é o Filho Amado, recebeu a missão de Messias Servo: "Tu és o meu Filho amado, em quem ponho toda a minha alegria" (Is 42,1). Essa é a primeira frase do Primeiro Canto do Servo Sofredor. São quatro cantos que marcarão a liturgia da Semana Santa, apresentando-nos o Cristo Servo.

Conduzido pelo Espírito ao deserto (cf. Lc 4,1), Jesus vive um período de intensa oração e jejum. Nessa situação humana de grande fragilidade – deserto, jejum, solidão – será abordado pelo tentador. Aqui sofrerá tentações de caráter messiânico, que buscam conduzi-lo por caminhos contrários à sua missão e identidade de Servo. O Servo de Iahweh viverá o deserto de tudo aquilo que se opõe ao modo de viver que Deus lhe pede: a incompreensão, o não reconhecimento, a perseguição, a agressão, a humilhação, até a morte violenta. Ele sentirá a tentação de ir na direção contrária àquela apresentada por Deus, mas a **obediência** daquele que **em tudo fez a vontade do Pai e em nada buscou o benefício próprio** reverteu esta tentação de negar sua vocação de Servo.

As tentações são todas em único sentido, e se repetem ao longo da vida pública de Jesus: **usar de sua condição divina em benefício próprio, abandonando o caminho do Servo.** Por exemplo, quantas vezes lhe disseram: "Faça um milagre e acreditaremos..." E a todas ele respondeu com a Palavra de Deus:

- À tentação que vem do desejo de satisfação imediata e de prosperidade. Sua resposta: "Não só de pão..."

- À tentação que vem do desejo de glória e prestígio. Resposta de Jesus: "**Não tentarás...**"
- À tentação que vem do desejo de poder e domínio. Resposta de Jesus: "**Adorarás somente...**"

As **tentações do deserto** não se reduzem a um momento pontual na vida de Jesus: são tentações messiânicas, isto é, tentações que atingem diretamente a forma de messianismo de Jesus como Servo de Iahweh. Ele é constantemente tentado a agir em proveito próprio e a transformar-se em um messias ao estilo dos poderes deste mundo. **Mas Jesus mantém sempre a primazia de Deus em seu coração. E eu?**

Nesse contexto é que contemplo essa cena. Depois dos passos preparatórios para a oração, procuro *ver o lugar*: O rio Jordão, no lugar onde Jesus foi batizado, perto de Jericó e do deserto de Judá... Vou **compor o meu interior para a oração...** Procuro ver Jesus, sozinho no deserto... O que se passa no coração de Jesus nesse momento? O que se passa no meu coração? Contemplo... Faço-me um participante da cena... Reflito sobre mim mesmo para tirar proveito...

As primeiras cenas: As cenas da caminhada de Jesus do rio Jordão até o deserto, "conduzido pelo Espírito", passando por Jericó (que é um oásis no deserto de Judá). **As cenas seguintes**: Jesus no deserto (nas montanhas além de Jericó) e suas tentações. Aí Jesus foi realmente tentado. Não houve um teatro. E foi tentado quanto ao modo de realizar a vontade do Pai, isto é, como realizar o Reino.

Durante a oração peço insistentemente a graça desejada. Faço um colóquio... Na revisão da oração, registro os sentimentos, os desejos mais marcantes e os apelos mais fortes do Senhor.

Segunda-feira
da Primeira Semana da Quaresma

"Senhor, quando foi que te vimos com fome e te demos de comer?"
(Lv 19,1-2.11-18; Sl 18(19); Mt 25,31-46)

Há 59 anos, durante a Quaresma, a Campanha da Fraternidade ressalta ainda mais o espírito de conversão e as práticas quaresmais do jejum, da oração e da penitência (esmola), trazendo-nos temas concretos de nossa realidade social, que nos mostram como, na prática, precisamos nos converter do individualismo e da indiferença para sermos mais fraternos.

A Palavra de Deus nos coloca hoje no coração do tema da Campanha da Fraternidade de 2023 – "Fraternidade e Fome" –, e do seu lema – "Dai-lhes vós mesmos de comer" (Mt 14,16) –, ao mostrar-nos Jesus dizendo: Todas as vezes que destes de comer a um desses pequeninos, foi a mim que destes de comer... Na primeira leitura, Deus nos chama à Santidade – "Sede santos, porque eu, o Senhor vosso Deus, sou Santo" –, associando a vivência da santidade diretamente ao cuidado dos mais fragilizados, à prática da justiça, à construção da concórdia e da fraternidade na história, ao respeito a cada ser humano. E termina dizendo: "Amarás o teu próximo como a ti mesmo. Eu sou o Senhor".

Na *Gaudete et Exsultate*, o Papa Francisco faz referência ao evangelho de hoje: "Se andamos à procura da santidade que agrada a Deus, nesse texto encontramos precisamente uma regra de comportamento pela qual seremos julgados: Pois eu estava com fome e me destes de comer..." E afirma que "ser santo não significa revirar os olhos em um suposto êxtase". Citando São João Paulo II, diz que devemos saber ver Cristo "sobretudo no rosto daqueles com quem ele mesmo se quis identificar" (cf. GS 95-96).

À luz dessas considerações, depois dos costumeiros passos preparatórios, leio um dos textos, pausadamente, uma, duas ou três vezes. Paro naquelas palavras que mais me tocam. Reflito: como tenho vivido a fraternidade? Eu vejo Cristo no rosto daqueles com quem ele quis se identificar? Eu cuido dos mais fracos e vulneráveis? Eu sacio a fome de meus irmãos e irmãs? Eu repondo ao chamado que o Senhor me faz à santidade?

Durante a oração peço insistentemente a graça desejada. Ao final, rezo pausadamente o Pai-Nosso e anoto o que foi significativo na oração.

Terça-feira
da Primeira Semana da Quaresma

"O pão nosso de cada dia dá-nos hoje."
(Is 55,10-11; Sl 33(34); Mt 6,7-15)

Ao ensinar seus discípulos a rezar, Jesus lhes entrega o Pai-Nosso. Essa oração é o dom da sua própria oração e de sua relação pessoal com Deus. Recebendo esse dom, nós também podemos nos relacionar com Deus e experimentar o seu amor ao modo de Jesus – Deus é Pai, Deus é amor – e, ao mesmo tempo, somos interpelados a construir fraternidade na história à maneira de Jesus, pois Deus é Pai e nós todos somos irmãos e irmãs.

Entregar o Pai-Nosso é também um gesto sigificativo na Igreja. A Quaresma é o tempo da purificação e da iluminação dos catecúmenos que se preparam para receber o Batismo na Páscoa. Em comunhão com eles, nesse tempo de preparação, todos nós, da comunidade de fé, vivemos a Quaresma buscando conversão e, na Páscoa, vamos renovar os nossos compromissos batismais e a nossa disposição de seguir Jesus no amor e no serviço aos irmãos e irmãs.

Nesse tempo intenso de preparação espiritual, os catecúmenos buscam a iluminação de seus corações por um conhecimento mais profundo do Senhor Jesus Cristo. A liturgia o expressa através de vários ritos significativos, dentre eles os das entregas do Símbolo da Fé e da Oração do Senhor. Ao receber o Pai-Nosso, os catecúmenos tomam maior consciência e fazem a experiência de um novo modo de ser, de um novo espírito: o de filhos e filhas, que chamarão a Deus de Pai, sobretudo na Assembleia Eucarística, e que procurarão seguir a Jesus, buscando sempre mais amar e servir aos irmãos e irmãs (Cf. RICA, Introdução, n. 21-26).

Mateus apresenta o Pai-Nosso como oração-modelo para a Igreja, comunidade dos discípulos-missonários e discípulas-missionárias de Jesus: a comunidade eclesial – nós –, se dirige ao Vós, que é Deus. E todos nós recebemos essa oração da mesma comunidade de fé, na qual chamamos a Deus de Pai. O Pai-Nosso não é uma fórmula de oração a ser recitada, mas um chamado diário a viver e proceder à maneira de Jesus: chamando a Deus de Pai, reconhecemos que todos somos irmãos e irmãs e devemos nos distinguir pela prática do amor e da fraternidade.

Depois de fazer os costumeiros passos preparatórios, leio o texto do evangelho pausadamente uma, duas ou três vezes. Paro naquelas palavras que mais me tocam e me interpelam. Imagino que estou recebendo o Pai-Nosso na comunidade de fé. Eu o recebo com reverência? Como estou vivendo esse modo de proceder que Jesus me entrega no Pai-Nosso? Paro especialmente na petição que me remete ao lema da Campanha da Fraternidade: "o pão nosso de cada dia dá-nos hoje...": estou colaborando para que o mundo seja mais fraterno e para que todos tenham o "pão nosso de cada dia"? Em que ainda preciso me converter?

Durante a oração peço insistentemente a graça desejada. Ao final, rezo pausadamente o Pai-Nosso e anoto o que foi significativo na oração.

Quarta-feira
da Primeira Semana da Quaresma

"Nenhum sinal lhes será dado, a não ser o sinal de Jonas."
(Jn 3,1-10; Sl 50(51); Lc 11,29-32)

Deus enviou o profeta Jonas a Nínive para chamar à penitência e à conversão o povo dessa grande cidade, que caminhava para uma situação-limite de perdição. Mais 40 dias vivendo dessa maneira, e a cidade se perderia. Quarenta dias constituem um prazo, mas não para causar pavor e angústia diante de uma destruição inevitável; é, sim, para provocar e estimular uma nova atitude na vida, que evite a perdição total: Deus é amor e misericórdia, e sempre nos chama à conversão, a uma vida nova.

A reação na cidade de Nínive é excepcional: os moradores e moradoras "creram em Deus". Eles "acolheram o sinal de Jonas": escutaram a voz solitária de um estrangeiro que percorria a cidade chamando-os à conversão e reconheceram nela a voz de Deus. E Deus viu "as suas obras de conversão", viu que se "afastavam do mau caminho" e "compadeceu-se deles".

Todos os anos, Deus, na sua infinita misericórdia, nos chama a trilhar esse itinerário espiritual de 40 dias, para que tomemos consciência daquilo que pode nos transformar em uma "geração má" (Lc 11,29) e nos chama à conversão. Mas a conversão só acontece quando confrontamos nossa vida com a Palavra de Deus e nos deixamos iluminar por Cristo:

quando acolhemos a Palavra e nos afastamos do mau caminho. É na humildade do reconhecimento dos nossos pecados, com um coração penitente, que vamos acolher a Palavra e a voz do Senhor.

Proponho o texto de Jonas 3,1-10 para a oração. Depois de fazer os costumeiros passos preparatórios, leio o texto pausadamente uma, duas ou três vezes. Paro naquelas palavras que mais me tocam. Sou como o povo de Nínive, que se deixou tocar pela Palavra de Deus, ou como os fariseus, que reagem com incredulidade e colocam Jesus à prova (cf. Lc 11,16)? Eu efetivamente estou me afastando do mau caminho e realizando obras de conversão que constroem fraternidade na história?

Durante a oração peço insistentemente a graça desejada. Ao final, rezo pausadamente o Pai-Nosso e anoto o que foi significativo na oração.

Quinta-feira
da Primeira Semana da Quaresma

"Quem de vós dá ao filho uma pedra, quando ele pede um pão?"
(Est 4,3-4.12-14; Sl 137(138); Mt 7,7-12)

A liturgia da Palavra hoje nos chama a ver como está nossa vida de oração. Um personagem em destaque é Ester. Escolhida por Assuelo para ser sua rainha, ela se encontra em uma situação dramática e desafiadora: o príncipe Amã armou uma trama para que o rei mandasse exterminar os judeus do seu reino. A rainha quer interceder por seu povo, mas para isso se expõe ao perigo de morte, por dois motivos: ela era judia e o rei não sabia desse fato; e quem se aproximasse do átrio real sem ser chamado pelo rei, era condenado à morte.

É nessa situação que encontramos a oração confiante da rainha Ester. Ela busca refúgio no Senhor, a quem suplica que venha em socorro da sua orfandade e que lhe dê palavras atraentes quando, desamparada, estiver diante do leão que é o rei poderoso. Ela sabe que só Deus pode socorrê-la.

A oração de Ester é atendida. Não é uma oração autocentrada, de quem busca benefícios para si, mas de quem põe em risco a própria vida para salvar o seu povo. Sua oração é do coração humilde e confiante – ela prostrou-se com reverência diante de Deus –, de quem suplica a graça de poder ajudar fraternalmente os mais vulneráveis.

No Evangelho, Jesus apresenta um critério fundamental de autenticidade da oração: "Tudo quanto quereis que os outros vos façam, fazei também a eles. Nisso consiste a Lei e os Profetas". A oração autêntica gera sempre um coração fraterno e solidário. De nada adianta dizer em alta voz que Deus está acima de tudo, erguer os braços e a voz em oração, se isso não nos leva a ser fraternos, a respeitar a vida, a trabalhar em favor da vida, da justiça e da paz.

Um último ponto. Tem gente que diz que pede a Deus e não é atendida: pede, procura, bate à porta do coração de Deus, insiste, mas não é atendida. É importante perguntar-se: o que estou pedindo? O que estou procurando? Peço e busco com sabedoria? Sim, porque muitas vezes Deus, na sua infinita bondade e providência, já nos deu muito pão e muito peixe. Mas eu não peço com sabedoria e, por isso, estou pedindo pedras e cobras, em uma oração autocentrada... E o Deus bondoso e providente já disse que jamais dará essas coisas aos seus filhos e filhas.

Escolho um dos textos para a minha oração. Depois de fazer os costumeiros passos preparatórios, leio o texto pausadamente uma, duas ou três vezes. Paro naquelas palavras que mais me tocam. Deixo-me questionar pela Palavra de Deus: como está minha oração? É uma oração confiante e humilde? Ela me leva a cuidar dos outros e a promover a fraternidade?

Durante a oração peço insistentemente a graça desejada. Ao final, rezo pausadamente o Pai-Nosso e anoto o que foi significativo na oração.

Sexta-feira
da Primeira Semana da Quaresma

"... vai primeiro reconciliar-te com teu irmão."
(Ez 18,21-28; Sl 129(130); Mt 5,20-26)

Depois de proclamar as bem-aventuranças, Jesus afirma que nós, seus seguidores e seguidoras, devemos iluminar e alimentar o mundo com a luz e o sabor do Reino: ser "sal da terra" e "luz do mundo" (Mt 5,13-16). Essa luz e esse sabor vêm da grande novidade que Jesus traz, e que seus seguidores e seguidoras devem encarnar: o amor é o coração de toda a Lei e os Profetas; é o amor que lhes dá plenitude.

Por isso, Jesus contesta o ideal de santidade dos escribas e fariseus, baseado numa leitura rígida e fria das Escrituras, e mostra que não é esse o caminho para o Reino de Deus, mas somente a plenitude que vem do amor (Mt 5,17-20). A luz e o sabor que brotam da plenitude do amor, engendram novas formas de relação entre as pessoas, mais exigentes, sim, mas sempre possíveis e sempre transformadoras, porque fundadas no amor.

Assim, Jesus radicaliza alguns pontos da Lei. Seus seguidores e seguidoras devem ir muito além de evitar o homicídio: devem ser luz e dar sabor ao mundo construindo novas e profundas relações fraternas, evitando a ira, os insultos, e primando pela busca do diálogo, da escuta e da reconciliação. E, quando ofendidos, devem tomar a iniciativa de ir em busca da reconciliação, mesmo sendo quem sofreu a ofensa.

Na sociedade em que vivemos, a falta de escuta, de acolhida do outro, as ofensas e as mentiras que geram discórdia, os discursos de ódio que geram conflitos e violência, as *fake news* que destroem a convivência pacífica e abalam a fraternidade, colocam-nos a urgência do sabor e do brilho do amor. Na Igreja, o Papa Francisco nos chama à escuta sinodal, para que cresçamos na capacidade de ouvir e acolher o outro e possamos ser Igreja mais viva e fraterna, em saída, para espalhar a luz e o sabor de Cristo no mundo.

Também para nos ajudar a aprofundar mais esse imperativo do Reino que o Senhor nos traz, lembremos o que ele nos disse no final da oração do Pai-Nosso, que rezamos na terça-feira: "De fato, se vós perdoardes aos homens as faltas que eles cometeram, o vosso Pai que está nos céus também vos perdoará" (Mt 5,14). Busquemos, pois, neste tempo quaresmal, acolher o apelo do Senhor à reconciliação, que torna o mundo mais luminoso e saboroso de se viver: "... vai primeiro reconciliar-te com teu irmão".

Depois de fazer os costumeiros passos preparatórios, leio o texto pausadamente uma, duas ou três vezes. Paro naquelas palavras que mais me tocam. Como vivo o amor? Como vivo a reconciliação? Como posso crescer na acolhida e compreensão do outro? Como posso ajudar a construir relações mais fraternas e a promover a reconciliação no lugar onde vivo?

Durante a oração peço insistentemente a graça desejada. Ao final, rezo pausadamente o Pai-Nosso e anoto o que foi significativo na oração.

Sábado
da Primeira Semana da Quaresma

Oração de Repetição

Tomo o texto que mais me falou nesta semana ou os pontos que mais me tocaram. Depois de fazer os costumeiros passos preparatórios, paro nessas palavras e as saboreio tranquilamente. Durante a oração, peço insistentemente a graça desejada. Ao final, rezo pausadamente o Pai-Nosso e anoto o que foi significativo na oração.

Anotações Espirituais

Segunda Semana da Quaresma

"Havereis de comer e beber à minha mesa no meu Reino."
(Lc 22,30)

Utilize este QR CODE para assistir ao vídeo com
as orientações sobre as orações desta semana.

Introdução

Chamamos de *conversão* o desejo e o movimento que levam o batizado a viver o mistério do Cristo na aventura da existência.

Ao longo dessa semana, o itinerário de conversão nos apresenta Jesus como o Transfigurado Filho Amado do Pai, aquele que ama e sonha com liberdade interior um projeto de vida que almeja a união entre todos, na mesma mesa do Reino. Jesus revela que, banhados na misericórdia e no perdão de Deus, a vida ganha mais sentido. Daí que Ele nos convida a crescer em autonomia, maturidade humana e a cruzar nossas fronteiras interiores. De fato, Jesus deixa claro que nossa conversão também passa por aprender que autoridade é para o maior serviço às multidões. E que no nosso discipulado, mais de perto, na Sua companhia, somos chamados a celebrar um banquete em que não falta ninguém. Assim, imagine-se ao lado dele, festejando.

> **Graça a ser pedida:**
> Senhor Jesus, dá-me a alegria de entrar na Tua festa de Vida, sem culpa, privações ou constrangimentos. Que comece a festa!

Domingo
da Segunda Semana da Quaresma

"Este é o meu Filho amado, nele está meu pleno agrado: escutai-o!"
(Gn 12,1-4a; Sl 32(33); 2Tm 1,8b-10; Mt 17,1-9)

- Recordo os passos para a oração inaciana e me ponho a fazê-los com serenidade.
- Repito com o coração o pedido da graça desta semana.
- Começo a leitura da reflexão e do texto bíblico para a oração de hoje:

A Transfiguração é um lampejo, uma brecha que preanuncia a Ressurreição de Cristo, quando todos serão atraídos a Ele (Jo 12,32).

O episódio começa com uma jornada para um lugar à parte, uma viagem a uma alta montanha. É de Jesus a iniciativa. É Ele quem convida e toma consigo os discípulos (Mt 17,1).

O evangelista descreve as roupas de Jesus: brancas como a luz; e o rosto do Cristo: iluminado como o sol (Mt 17,2). Imagine uma figura assim, de um **humano transfigurado**, que faz brilhar a vida (2Tm 1,10). Os discípulos são tomados de profunda admiração e ficam impactados diante da beleza da *transfigura* do Cristo. Por isso, Pedro exclama: "É bom ficarmos aqui!" (Mt 17,4).

Na companhia do Senhor transfigurado, que aquece qualquer coração de pedra, mesmo o discípulo mais "durão" deixa-se seduzir pelo Filho Amado do Pai. Pedro quer prolongar o momento da graça que nos foi dada em Cristo Jesus (2Tm 1,9). Será que ele tem medo de que se acabe essa graça revelada agora pela manifestação de Cristo (2Tm 1,10)?

Seja como for, Pedro se oferece para fazer três tendas (Mt 17,4). Mas, na verdade, é o Pai quem os colocará, a todos, sob um luminoso teto comum. Não serão três tendas, mas uma única nuvem do céu a abraçar tudo sob sua sombra (Mt 17,5). Não é o esforço de Pedro que prolonga a graça da intimidade com o Cristo, mas a acolhida gratuita do descanso comum à sombra do Pai que abarca tudo e todos.

Cobrindo a terra (Mt 17,5), o Pai a enche de sua graça (Sl 32,5), isto é, do Cristo transfigurado, benção para todas as nações (Gn 12,3). Assim, mais do que olhar para os que O temem (Sl 32,18), para os "assustados" com o rosto em terra (Mt 17,6), o Pai, em Jesus, se aproxima, toca (Mt 17,7), liberta da morte (Sl 32,19) e, levantando os prostrados com seu olhar de rosto brilhante como o sol (Mt 17,2), proclama com coragem "Não tenhais medo!" (Mt 17,7). Agora, os discípulos não veem mais nada "a não ser somente Jesus" (Mt 17,8).

O discípulo erguido pelo Cristo, faminto e saciado de amor, se dispõe verdadeiramente para a escuta da Palavra (Mt 17,5) que, como nos recorda o Salmo, é palavra de retidão (Sl 32,4), de quem *ama* o direito e a justiça (Sl 32,5). A verdade da experiência amorosa com o Pai e o Filho e o Espírito Santo nos leva a descer da montanha (Mt 17,9), ao encontro daqueles que vivem o tempo de penúria e da fome (Sl 32,19). O amor que nos alimenta e nos encharca, transborda para o mundo, na concretude das relações.

- Coloque-se diante do Senhor, o Humano Transfigurado, reconhecendo o quão bom é estar com Ele (Mt 17,4). Expresse com suas palavras, os seus sentimentos. Conte a Ele onde você tem colocado todo o seu agrado (Mt 17,5). Permita que o rosto de Cristo, brilhante como o sol (Mt 17,2), encontre o seu rosto em terra (Mt 17,6).

- Como me sinto diante do Senhor transfigurado? Atraído? Assustado? Confiante? Com medo? Tocado pelo brilho de vida que dele brota? Evito a sua presença iluminadora?
- Ao tomar o caminho de volta da montanha (Mt 17,9), quais são os rostos que meu coração deseja encontrar?
- Escreva, agora, no seu caderno de vida, como se sentiu, o que mais tocou você e as distrações ou resistências experimentadas.

Segunda-feira
da Segunda Semana da Quaresma

"Sede misericordiosos como vosso Pai é misericordioso."
(Dn 9,4-10; Sl 78(79); Lc 6,36-38)

- Propicio um ambiente interno e externo para a oração.
- Suplico a graça da semana.
- Medito as considerações para colaborar na oração de hoje:

Jesus está reunido com seus discípulos. Trata-se de um momento de partilha de sua sabedoria de vida. O Mestre Jesus ensina aquilo que sabe do coração: "perdoai e sereis perdoados" (Lc 6,37). O Cristo, sabedoria Divina, conhece o humano com profundidade. Ele conhece *na pele* as feridas que marcam a sua existência e atingem as suas relações.

Santo Inácio de Loyola convida a trazer à memória o relacionamento com as outras pessoas (EE 56). Para ele, é importante dar-se conta da *dinâmica*, da lógica que tem dado a tônica da forma como vivemos as relações.

Nossos fechamentos interiores, desamores e frustrações impedem a fundamental experiência de deixar-se amar e de dar amor, na gratuidade. O contrário do amor é a morte. Aquele que vive sozinho de afeto estabelece relações de crueldade, em que se deixa maltratar ou inflige sofrimento aos demais. São as lógicas do julgamento e da autocondenação (Lc 6,37). De um jeito ou de outro, condicionadas por uma assimetria de poder.

Tomar consciência dessas realidades nos causam dor e confusão (EE 48), pois podemos nos sentir humilhados ao extremo (Sl 78,8). Resta-nos ter vergonha no rosto (Dn 9,7-8) e colocarmo-nos diante do Senhor que nos alcança com seus auxílios: *misericórdia* e *perdão* (Dn 9,9).

Em verdade, Cristo anuncia um Pai que é todo inteiro *misericordioso*. O Deus de Jesus rompe completamente com a lógica do julgamento e com a medida da condenação. Jesus inaugura uma nova dinâmica de relações: "Sede misericordiosos, como também o vosso Pai é misericordioso" (Lc 6,36).

Nossas mãos não são capazes de segurar a transbordante medida da misericórdia com que Deus nos ama, profundamente. Não é por merecimento, mas é por dádiva. "Dai e vos será dado" (Lc 6,38). Sua perseverança permanece para sempre, pois não está condicionada à nossa vida moral. Deus é até capaz da loucura de amor da Paixão de Cristo para nos arrastar a si.

Alcançados pela misericórdia de Deus, somos convertidos em humanos de reconciliação.

- Faça memória das pessoas com quem você tem se relacionado. Perceba qual a lógica que impregna a forma como você vive suas relações. Qual o sentimento que lhe atravessa o coração nesse momento? Converse, a partir dele, com o Senhor que lhe escuta.
- Abra-se para acolher a *misericórdia* e o *perdão* que o Senhor lhe oferece simplesmente porque o(a) ama como filho(a). O que você sente ao dar-se conta de um amor tão misericordioso? O que essa experiência o(a) leva a dizer ao Senhor? Fale com Ele...
- Termine a oração registrando os "movimentos internos" de consolação e desolação que você experimentou.

Terça-feira
da Segunda Semana da Quaresma

"Gostam do lugar de honra nos banquetes..."
(Is 1,10.16-20; Sl 49(50); Mt 23,1-12)

- Durante um breve momento, permaneça em silêncio e tome consciência da presença do Deus todo amoroso.

- Inicie sua oração e logo faça o pedido da graça indicado para a semana.
- Veja as indicações abaixo para criar um clima favorável à oração:

A hipocrisia é tratada por Jesus com seriedade. Ele denuncia a incoerência das autoridades religiosas que, de perto, deixa transparecer a distância entre o que falam e o que praticam (Mt 23,3). Jesus aponta que essas autoridades fazem coisas para serem vistas (Mt 23,5) e gostam de lugares de destaque na sinagoga, nas praças e nos banquetes (Mt 23,6-7). São pessoas afeiçoadas à riqueza, à honra e ao poder. Se entregues a essa dinâmica, perdem-se, mesmo que tragam na ponta da língua um discurso religioso em nome de Deus (Sl 49,16). Essa triste realidade revela até onde pode chegar a escravidão a estruturas e "necessidades" desordenadas que roubam a dedicação, o afeto e o tempo. Por vezes, são espécies de vícios e dependências cujo desapego exige diligência e paciência.

Na ruptura com as falsas seguranças, é preciso se comprometer com aprender a fazer o bem a si e aos demais. Aprender, procurar o direito e corrigir o que oprime (Is 1,17a) é trabalhoso. Porém, a liberdade interior e a indiferença inaciana diante de todas as coisas criadas e diante de todas as fontes de poder, liberta da dor ansiosa da perda futura e também do medo da falta. A vida se simplifica, a ponto de fazer muito *mais sentido*. E isso basta.

É importante reconhecer com coragem e ousadia a verdade de nossa realidade e de nossos limites. Onde estamos? Como estamos? A consciência de que somos fracos e frágeis é a condição indispensável para abrirmos espaço interior para a ação de Deus em nossa vida e afetos. Só com Ele, por Ele e nele é possível continuar e seguir em frente, sem perder-se na sedução das "roupas de longas franjas" (Mt 23,5).

A **autoridade** para interpretar as Escrituras (Mt 23,2), deve ser **serviço** (Mt 23,11) **às multidões** dos órfãos e das viúvas (Is 1,17b). Todo tipo de autoridade é para o serviço aos demais, preferencialmente aos mais pobres. Oxalá estes ocupem os primeiros lugares nos banquetes (Mt 23,6), a fim de que todos possam comer as coisas boas da terra (Is 1,19).

- Veem à minha memória elementos, situações, realidades ou até mesmo pessoas de minha vida, enquanto eu tomo contato com o texto de hoje? Sinto-me afetivamente indiferente em relação a todos eles? Converse com o seu Guia, Cristo, sobre essas circunstâncias.

- Por um breve momento, considere a sua vida como um todo. Como você a vê? Repleta de sentido? Frágil? E o que sente diante dela? Esperança? Angústia? Simplicidade? Confusão? Agora, deixe Cristo voltar seu olhar amoroso por toda a sua vida. O que muda? Como Ele a vê? Termine esse momento com um diálogo espontâneo com Ele.
- Registre no seu caderno de vida o andamento da sua oração e as principais moções que lhe afetaram hoje.

Quarta-feira
da Segunda Semana da Quaresma

"Quem quiser ser o maior entre vós seja aquele que vos serve."
(Jr 18,18-20; Sl 30(31); Mt 20,17-28)

- Busque entrar em oração a partir dos passos para oração inaciana, presentes no início desse livro.
- Faça o pedido da graça para esta semana: *Senhor Jesus, dá-me a alegria de entrar na Tua festa de Vida, sem culpa, privações ou constrangimentos. Que comece a festa!*
- Ponha-se a ler com atenção os pontos abaixo para ajudar na oração:

Jesus sabia que Ele era um rejeitado para os chefes judeus (Mt 20,18) e para os poderosos das nações (Mt 20,19.25). Ele não se sentia seguro indo para Jerusalém e sabia que o lugar também oferecia perigo para sua comunidade de discípulos. Por isso, Jesus tem uma conversa particular com eles, pelo caminho, antes de chegar lá (Mt 20,17). Ao mesmo tempo, Jesus estava imbuído de um profundo senso de coerência com o que tinha convicção de ser a Sua missão: a realização da Vontade do Pai até o fim. No momento mais difícil de sua vida, Jesus confirma a eleição feita por um projeto de vida, de vida plena para todos (Jo 10,10). Junto com seus discípulos, Ele é o servo da paz; pelos seus discípulos, Ele é o cordeiro que dá a Vida (Mt 20,28).

A consciência do perigo de morte atemoriza. Situações-limite existenciais geram temor diante da incerteza do que nos espera. O medo nos cega e coopta a nossa voz. Olhamos ao redor, e as coisas nos deixam apavorados (Sl 30,14), sem responder à mais elementar das perguntas que o Senhor dirige também a nós: "Que queres?" (Mt 20,21).

Dar-se conta da paixão que padecemos, nos provoca dor e lágrimas de identificação com o Cristo (EE 203). O coração agoniza para deixar brotar a resposta coerente com os desejos mais profundos.

Aquele que renuncia à sua própria grandeza e torna-se servidor de todos (Mt 20,26), o faz porque experimentou o Amor confiante de Deus. Não se torna servo alguém que antes não se deixou amar profundamente. É só então que se está pronto para amar até às últimas consequências. É quando se bebe do mesmo cálice (Mt 20,22-23), isto é, toma-se parte na Paixão do Senhor, que é zombado, flagelado e crucificado (Mt 20,19).

As circunstâncias-limite da vida fazem despontar a força criativa de Deus em nós. Não obstante todos os contrários, Jesus congregou uma comunidade em torno de si. Mesmo quando seus discípulos quase se perdem na disputa por poder, ele os chama para *mais perto* de si (Mt 20,25), fazendo memória do propósito primeiro de sua unidade: *o maior serviço* (Mt 20,26-28). Jesus nutre profundo afeto pela sua comunidade, que continua a sua missão e projeto de vida.

A memória viva de Jesus, Rei e Sábio, faz lembrar a sabedoria profética: pagar o mal com o bem (Is 18,18-20).

- Tome um tempo para considerar quais são as opções fundamentais de sua vida. Nomeie, diante de Deus, com simplicidade e transparência de coração, o seu querer profundo. Abra a sua interioridade para dar-se conta da sintonia entre sua vontade e a vontade de Deus que se apresenta para você.
- Peça o dom para firmar-se com perseverança em seus propósitos, apesar dos desafios.
- Perceba como você é alcançado(a) pelo Senhor que o(a) ilumina, desvelando o novo que irrompe onde já não podemos ver.
- Converse com o Senhor sobre aquilo que a oração despertou em você. Depois, tome nota, em seu caderno de vida, das moções que mais o(a) tocaram.

Quinta-feira
da Segunda Semana da Quaresma

"Queria matar a fome com as sobras que caíam da mesa do rico..."
(Jr 17,5-10; Sl 1; Lc 16,19-31)

- Antes de iniciar a oração, crie um ambiente externo e interno para a escuta e intimidade com o Senhor (escolha o lugar, marque o tempo, desligue os aparelhos eletrônicos, silencie).
- Faça sua oração preparatória de costume, sem esquecer a petição da graça indicada para esta semana.
- Em seguida, considere os seguintes "pontos para a oração":

No limiar da porta, havia um mendigo que desejava alimentar-se com as migalhas do desperdício (Mt 16,20-21). *Entre* a mesa do rico e o chão do pobre, há um abismo que traça as margens das periferias existenciais (Mt 16,19-20.26). Com sua existência, Lázaro denuncia a chaga social da desigualdade e da divisão.

Chamados de lazarentos, nossas ruas, praças e viadutos estão repletos de irmãs e irmãos, descartados em meio aos tormentos da cisão econômica. A fome é parte constante de suas realidades. Todo dia, ela bate à porta do estômago, pedindo por alimento.

A maneira como Jesus conta que o pobre Lázaro é acolhido com misericórdia no seio de Abraão (Lc 16,22.25) é uma amostra, um convite para que também nós saiamos de nosso próprio amor, querer e interesse (EE 189). É um apelo para **cruzarmos nossas fronteiras interiores**, e irmos além e ao encontro. Trata-se de cruzar a pacata soleira da mornidão, e escolher onde queremos nos situar.

É possível deitar raízes deserto adentro ou à beira de um rio caudaloso (Jr 17,6.8). Somos habitados por sentimentos da secura do escaldante calor das chamas (Jr 17,6; Lc 16,24) e também pela consolação das águas refrescantes (Jr 17,8; Lc 16,24-25). Ambos mobilizam atitudes em nós. Faz-se necessário discernir e fazer alianças com uma ou outra realidade. Quais têm sido as minhas fontes de vida ou de morte?

O Senhor, que perscruta coração e pensamentos (Jr 17,10), **sonha** em nós um sonho de Ressurreição.

- Repare com os olhos da imaginação nos corpos cheios de feridas, largados às margens da sociedade. Eles lhe interpelam de alguma maneira? Sente-se chamado a ir até eles? Experimenta resistências? Compaixão?
- Perceba como você é habitado por tormentos e por consolações. Observe como essas forças opostas disputam o território do seu coração. Nomeie-as diante do Senhor, que amorosamente conhece a verdade do seu interior.
- Ponha-se a sonhar, com o Senhor, um sonho de Ressurreição, de Vida plena para todos, onde ninguém mais terá fome. Converse calmamente com Ele.
- Faça a revisão da oração e anote os sentimentos, apelos e pensamentos mais intensos.

Sexta-feira
da Segunda Semana da Quaresma

"Este é o herdeiro. Vamos matá-lo!"
(Gn 37,3-4.12-13a.17b-28; Sl 104(105); Mt 21,33-43.45-46)

- Inicio a minha oração silenciando o meu interior e abro o meu coração para acolher o Senhor.
- Faço o pedido de graça da semana e me ponho a ler calmamente o texto do dia.

A comunicação que Jesus faz de si na parábola de hoje, isto é, de que é o *Herdeiro do Pai* (Mt 21,38), revela a **maturidade humana** com que compreende a sua identidade divina. Entretanto, isso que é tão **singular** da experiência de Jesus, ou seja, isso de Ele se perceber enquanto *pedra angular* (Mt 21,42) e *Filho mais Amado* (Gn 37,3-4; Mt 17,5), que é rejeitado pelos sacerdotes e fariseus. Para estes, havia apenas uma maneira de compreender a relação com Deus, e não era da maneira como Jesus e também seus discípulos viviam a sua experiência de fé.

A **liberdade interior**, a personalidade, o estilo de vida e a consciência de si que Jesus tinha, incomodavam as lideranças religiosas de seu tempo, que desejavam enquadrá-lo, junto com toda a sua comunidade de discípulos.

A rigidez dos esquemas do modo de crer em Deus e a dureza de coração dos fariseus (Mt 19,8) impedem que Jesus conte a eles uma parábola que melhor transpareça o rosto misericordioso do Pai (Lc 6,36). Na verdade, Jesus faz a escolha de contar uma história em que fala deles, dos sumos sacerdotes e dos fariseus (Mt 21,45). O exercício de Jesus é **mostrar a imagem** que os fariseus têm de Deus: um proprietário, um dono que manda em seus empregados (Mt 21,34.36). O Deus Pai que Jesus Cristo nos revela não é assim.

A ausência de acolhida da diversidade manifestada em Jesus gera o não pertencimento dele e de sua comunidade ao grupo dos judeus religiosos. Potencializada, essa rejeição produz um discurso de ódio que, além de impedir o diálogo pacífico (Gn 37,4), fomenta a violência (Gn 37,18.20; Mt 21,46).

Nesse cenário, a nascente comunidade cristã, aparentemente deslocada, tem a oportunidade de crescer em **autonomia**. Junto a ela, está a multidão de pessoas que acreditam no projeto de vida de Jesus, o profeta. É a **união** e pressão popular das multidões o que aplaca a ação do poder repressor (Mt 21,46).

- Na parábola de hoje, Jesus faz uma potente afirmação de identidade, fruto da sua liberdade interior. Que aspectos da singularidade de quem eu sou ainda precisam ser vividos em plenitude?
- A Quaresma também é tempo propício para a purificação da imagem que temos de Deus. O Deus revelado em Jesus extrapola a lógica da relação patrão e assalariado. Qual tem sido a experiência de Deus que tenho feito em minha vida? Que aspectos de minha percepção sobre Ele precisam ser superados?
- Pense em sua comunidade. Como me vejo e me sinto nela? Há tensões entre rejeição e aceitação? Quem nela pode ser mais bem integrado?
- No colóquio final, dirijo-me a Cristo, expressando o que meu coração sente no momento: louvor, gratidão, súplica, silêncio...
- Anoto no meu caderno de vida o que foi mais significativo da oração.

Sábado
da Segunda Semana da Quaresma

Repetição

A repetição inaciana é o momento de rever o que Deus foi fazendo para o nosso amor! É uma recordação de cada passo, cada dia lindo dessa nossa história de conversão vivida durante a semana quaresmal que está terminando.

A gratidão nos des-centra e nos coloca na lógica da festa, isto é, da gratuidade... Que Deus é esse que, quando pedimos uma graça, Ele se dá a si mesmo!?

Procure reviver as moções mais fortes dessa semana e deixe ressoar estas perguntas: O que Deus gravou no meu coração? Por onde passou o Senhor nestes dias? Que sinais ele deixou mais fortes?

Retome seu caderno de vida e faça uma leitura orante dos momentos mais densos e inspiradores de oração.

Prepare-se e se disponha internamente para a 3ª Semana Quaresmal.

Anotações Espirituais

Terceira Semana da Quaresma

"João respondia: quem tiver duas túnicas, dê uma a quem não tem;
e quem tiver comida, faça o mesmo."
(Lc 3,11)

Utilize este QR CODE para assistir ao vídeo com
as orientações sobre as orações desta semana.

Introdução

O lema da Campanha da Fraternidade deste ano – **"dai-lhes vós mesmos de comer"** – nos revela que nosso interior é uma reserva de "alimentos humanizadores": compaixão, desejos nobres, dons originais, criatividade, espírito de busca... São alimentos que plenificam e dão sabor à nossa vida. É preciso extraí-los e multiplicá-los para que a fome de sentido e de esperança das pessoas seja saciada. Ninguém tem o direito de armazenar nos seus celeiros o "trigo" doado por Aquele que é fonte de todo "alimento salutar". Afinal, alimento guardado é alimento que apodrece. Vida partilhada é vida abundante.

Com frequência, nossa existência humana parece uma corrida em busca daquilo que nos sacia de um modo definitivo. Nesta corrida, aparecem muitos elementos que nos são familiares: necessidades, ansiedade, insegurança, vazio, insatisfação... Todos eles, à primeira vista, nos fazem tomar consciência de que somos seres carentes. Seria, pois, essa *carência* aquela que nos movimenta na busca de algo para preencher nosso vazio?

De fato, o ser humano é um ser insaciável, insatisfeito... vive eternamente buscando, muitas vezes sem saber o quê. Em contato com o seu interior, sente a necessidade de preenchê-lo a qualquer preço; na maioria das vezes, preenche-o com *"coisas"*: busca de poder, posses, prestígio, pão que se perde... e sente-se frustrado, porque nada o satisfaz. Só o **Pão vivo** pode preencher seu interior; só um alimento o plenifica: *"fazer a Vontade do Pai"*.

> – *"Mas a **fome de Deus** que eu levo comigo não conhece descanso: ela é exigente! Então eu sigo... Ela é tremenda e persistente! Então eu sigo... cada vez mais para a frente!*
> *Ela é constante e forte! Então eu sigo... até à morte"* (C. de M. Doherty).

A Quaresma nos recorda que foi no gesto do partir e repartir o pão que se condensou todo o caminho de Jesus: vida que se doou para aliviar todo *"sofrimento humano"* (curas), para proporcionar a *"refeição partilhada"* (ceias e multiplicação dos pães) e para ativar *"novas relações humanas"* (sermão da montanha).

Celebrar e viver o Tempo Quaresmal é atualizar em nós essas três preocupações centrais da vida de Jesus. Aqui se conecta a essência de Sua vida com a nossa vida de seguidores(as).

> **Graça a ser pedida ao longo desta semana:**
>
> Senhor, que eu tenha conhecimento profundo dos dons pessoais (pão interior) para multiplicá-los em favor da vida de todos.

Domingo
da Terceira Semana da Quaresma

"O meu alimento é fazer a vontade d'Aquele que me enviou e realizar plenamente a sua obra"
(Ex 17,3-7; Sl 94(95); Rm 5,1-2.5-8; Jo 4,5-42)

- Crie um ambiente interno e externo para favorecer a oração; tome distância dos ruídos (celulares, sons) para escutar seu coração, onde habita Deus.
- Adote uma posição corporal favorável; vá pacificando seu interior através de respirações profundas; entregue antecipadamente ao Senhor tudo o que vai acontecer na oração.
- Mobilize seus "sentidos internos" para facilitar a contemplação do evangelho deste dia.
- Leia os "pontos" abaixo para "aquecer" o coração e entrar em contemplação.

A originalidade do **Tempo Quaresmal** encontra-se na aventura da re-descoberta do *"mundo interior"*, esse mundo desconhecido e surpreendente, onde acontece o mais importante e decisivo de cada um; ali também se encontra o "manancial" que mata a sede e dá sentido à nossa vida. Buscamos água em poços ressequidos e nos distanciamos do verdadeiro poço de nosso interior, onde há água pura e cristalina em abundância.

Conduzindo-nos a viver a experiência no deserto com Jesus, a liturgia quaresmal revela que toda pessoa possui dentro de si um **manancial** que é seu mistério íntimo e pessoal. Por isso, *"viver em profundidade"* significa "entrar" no mais profundo da própria vida, "descer" até às raízes da própria existência e chegar à fonte de água viva que mata nossa sede e desperta um impulso para viver com mais inspiração e criatividade.

Temos água, falta-nos sede!

Diante da imagem do **deserto**, muito presente durante o tempo quaresmal, a sensação é de **sede**. O deserto evoca nossa sede de água e de plenitude. Onde encontrar a água? Como saciar nossa sede?

No entanto, no mais profundo de nosso ser, somos habitados por uma **sede** que nenhuma água pode saciar: sede de sentido, de plenitude, de vida inspirada e criativa...

Bendita sede que nos mantém abertos a Deus e aos outros! As pessoas que fizeram diferença e mudaram o mundo foram aquelas profundamente sedentas. Amaram essa sede de que fala Jesus: *"Se tu conhecesses o dom de Deus..."*.

Jesus cansado e sedento, sentado à beira do poço; uma mulher com sede que acode com seu cântaro para tirar água. Dois sedentos e com a água no poço. Sedentos os dois de água, mas, possivelmente, os dois também sedentos de algo mais que água. Jesus, sedento, quer encher de água viva aquele coração cheio de "maridos"; uma mulher sedenta de algo mais que pudesse apagar a sede que seus maridos não conseguiram.

A samaritana chega ao poço, sem saber quem ali a esperava; vai somente buscar água com o cântaro vazio para retornar à sua casa com ele cheio. Não há mais expectativas, nem outros planos, nem mais desejos.

Mas o imprevisível está esperando por ela, na pessoa daquele galileu sentado à beira do poço, que inicia uma conversação sobre coisas banais, talvez para não a assustar: falam de água e de sede, de poços e de velhas desavenças entre povos vizinhos, coisas de todos os dias.

Jesus começa como o frágil sedento que se atreve a pedir água. A mulher, muito segura de si, sente-se dona do poço, da água e do cântaro. De repente, a conversa dos dois se volta para as "coisas do alto": o dom, uma água que se converte em manancial vivo, a promessa de uma sede saciada para sempre, um Deus que nos busca, fora dos espaços estreitos de templos e santuários.

E os dois, Jesus e a mulher, terminam esquecendo-se da sede, da água, do poço e do cântaro. Duas vidas que se encontram e se comprometem: Jesus, que vai abrindo caminho para chegar ao profundo daquele coração feminino; a mulher que resiste, mas, aos poucos, se abre às palavras daquele homem imprevisível; Jesus, que vai des-velando a mulher por dentro, fazendo emergir seus profundos vazios; a mulher que começa a sentir o borbulhar do manancial em seu coração, encontrando-se com a verdade sobre si mesma; Jesus que vai se esquecendo do poço de Jacó e vai abrindo uma nova fonte naquele coração de mulher; a mulher que se esquece da água e do cântaro e regressa ao seu povoado gritando o que seu coração encontrara.

- Leia, pausadamente, o evangelho deste terceiro domingo da Quaresma: **Jo 4,5-42**.
- Agora, com a imaginação, situe-se junto ao poço de Jacó: procure olhar, escutar e sentir a cena; deixe-se impactar pelo encontro dos dois personagens: Jesus e a samaritana.
- Converse com eles, falando de suas "sedes": o que você busca?
- Faça um colóquio pessoal com Jesus: deixe brotar do seu coração palavras de agradecimento, de súplica...
- Termine sua oração, dando graças por esse momento.
- Registre no seu "caderno de vida" as luzes e apelos que brotaram do seu coração.

Segunda-feira
da Terceira Semana da Quaresma

"Levantaram-se e o expulsaram da cidade"
(2Rs 5,1-15a; Sl 41(42)-42(43); Lc 4,24-30)
conforme Bíblia mensagem de Deus

- Para que a oração proporcione bons "frutos" é preciso caprichar na preparação da mesma.
- Comece com a oração preparatória: entregue tudo (sentimentos, pensamentos, ações...) ao Senhor.
- Use sua imaginação para compor o lugar: a sinagoga de Nazaré.
- Peça a graça indicada para esta semana.
- Leia as indicações abaixo para ajudar a entrar na contemplação:

O evangelho deste dia nos situa no início do ministério de Jesus, junto aos seus conterrâneos. Ele se apresenta como o Novo Mestre, que não traz "doutrinas enlatadas", mas revela um novo ensinamento, centrado na vida.

Se estivermos bem atentos ao texto, perceberemos que o motivo do conflito e da fúria dos conterrâneos de Jesus parece claro: embora citando dois grandes profetas de Israel – Elias e Eliseu –, Jesus deu destaque a dois personagens estrangeiros como referência (a viúva de Sarepta e Naamã, o sírio), em detrimento dos personagens do próprio povo. Para um judeu piedoso era inadmissível que qualquer pagão recebesse um favor divino, em preferência a alguém pertencente ao "povo eleito".

Jesus poderia ter dito muitas coisas aos seus ouvintes, para tranquilizá-los: explicar que Deus não escolhe os seus enviados entre os grandes deste mundo, mas sim entre os pequeninos, a exemplo de Davi. Poderia ter-lhes dito que se tornariam mais imagem de Deus se dedicassem um cuidado especial aos cegos, aos prisioneiros e aos outros deserdados, vítimas do contexto social-político-religioso da época.

No entanto, em lugar de tranquilizá-los, Jesus vai inquietá-los ainda mais. Recorda-lhes, então, que Deus, em tempos de penúria e sofrimento, foi em socorro de estrangeiros, de pagãos, sem qualquer ligação com o povo eleito. Temos aí o que provocou a indignação dos ouvintes de Jesus, ou seja, em lugar do culto a Deus, eles cultuam o povo eleito. Esse tipo de idolatria não é raro e pode assumir diversas formas: o culto à classe social, à família, à nação, às relações vantajosas etc.

Tal idolatria chegou ao extremo, a ponto de levarem Jesus para fora da cidade, a fim de matá-lo. Já no início da vida pública de Jesus encontramos conflitos e oposições que vão desembocar na paixão e morte do Mestre de Nazaré.

Como humanos, todos temos a tendência de estabelecer distância entre o próprio grupo – tribo, parentela, família, povo, religião, nação – e todos os demais grupos. Trata-se, sem dúvida, de um movimento de autoafirmação, de busca de segurança e defesa frente ao diferente.

Muitas vezes, o zelo religioso, moral ou político degenera em formas de **intolerância e fanatismo**, atitudes que revelam a incapacidade de aceitar os outros em razão de suas ideias, convicções ou crenças. É uma grave debilidade que torna impossível "viver a cultura do encontro" entre pessoas e grupos humanos que pensam, sentem, creem de maneira diferente.

É profundamente desumanizador quando alguém se fecha na cegueira de suas próprias ideias, crenças, ideologias...

Frente a essa tendência, não raro violenta, uma atitude madura e compreensiva derruba muros e fronteiras, reconhece e respeita o modo de ser e pensar do outro, torna possível a vivência da alteridade, no respeito e na confiança compartilhadas.

Caminhar com Jesus significa "abrir passagem" e "afastar-nos" dos preconceitos e intolerâncias que nos isolam, nos empobrecem e, em ocasiões extremamente cruéis, desembocam em tragédias.

- Agora, leia o relato do evangelho deste dia: **Lc 4,24-30**.
- Com a imaginação, entre na sinagoga de Nazaré; abra os seus sentidos para olhar, escutar e sentir a mensagem de Jesus e as reações de seus conterrâneos.
- Desça à sua sinagoga interior e verifique se ali estão presentes as intolerâncias, os preconceitos e fanatismos... que depois se expressam no julgamento e na indiferença frente aos diferentes... Deixe Jesus transitar pelos seus "espaços interiores" para afastar todo resquício de resistência e medo.
- Converse com o Senhor a partir daquilo que você sentiu ao entrar nas duas sinagogas.
- Registre no seu caderno as "moções" (toques e apelos do Senhor no seu coração).

Terça-feira
da Terceira Semana da Quaresma

"Não devias tu também ter compaixão do teu companheiro, como eu tive compaixão de ti?"
(Dn 3,25.34-43; Sl 24(25); Mt 18,21-35)

- Antes de "entrar em oração" prepare seu ambiente interior; recorde os "passos para a oração": escolha de um lugar favorável, posição corporal, quietude através da respiração, silêncio interior... oração preparatória e os preâmbulos (composição vendo o lugar; pedir a graça).
- Sinta-se na presença do Senhor, fonte do perdão.
- Faça sua oração preparatória, entregando ao Senhor tudo o que vai acontecer na oração.

- Leia atentamente as indicações abaixo como ajuda para deixar-se "abrasar" pela Palavra de Deus.

Hoje, o tema principal é o **perdão**. Mateus recolhe as instruções de Jesus sobre a maneira como os irmãos devem proceder dentro da comunidade cristã. Sem o perdão mútuo torna-se impossível qualquer tipo de comunidade. O perdão é a mais alta manifestação do amor; o **perdão** é superlativo do **amor, é dom em excesso.**

Nesse sentido, o **perdão** deve ser não um ato, mas uma atitude que se mantém durante toda a vida e diante de qualquer ofensa. Por isso, a expressão *"setenta vezes sete"* quer dizer que é preciso perdoar sempre.

Diante da vingança, Jesus realça a força do perdão reconstrutor de relações sadias; diante do revide, Ele reforça a atitude de reconciliação para reconstruir os vínculos quebrados. Assim, o **perdão** revela-se como uma experiência *"subversiva"*, pois subverte as tendências naturais do ser humano em revidar, vingar, "pagar com a mesma moeda".

Jesus sabe que somos frágeis como o barro; sabe também que com o barro de nossas vidas é possível fazer obras de arte.

Contam que uma pessoa tinha um vaso de barro precioso e de grande valor. Alguém curioso o tomou nas mãos e, por um descuido, deixou que escorregasse e ele se fez em pedaços ao cair no chão. Podemos imaginar a dor do dono do vaso. Mas ali havia um artista que prontamente se ofereceu para acalmar os ânimos e refazer o vaso quebrado. Levou-o para sua casa e foi unindo os pedaços com fios de ouro.

Alguns dias depois, devolveu-o ao dono. Era uma preciosidade. Impossível imaginar aquela obra de arte.

Aqueles que a contemplavam ficavam assombrados. E não faltaram entendidos em arte que começaram a elevar o preço da obra; um preço muito superior ao que tinha antes.

Este é o sentido e a missão do **perdão**. Com frequência, a comunidade cristã se faz em pedaços com as ofensas fraternas. Pode dar a impressão de que ela se quebrou para sempre. Mas surge a capacidade de tornar a soldar o que estava quebrado, com os fios de ouro do perdão. E a comunidade, que se havia quebrado, agora passa a ser uma comunidade nova; uma comunidade de amor, de fraterna caridade, muito mais evangélica.

O amor que perdoa, é esse o fio de ouro capaz de reconstruir o vaso de nossa comunidade e torná-lo mais belo e formoso que antes. Porque o perdão recria e re-constrói vidas quebradas.

Perdoar supõe reconhecer a grandeza do ser humano; para além da fragilidade, a pessoa que perdoa ou acolhe o perdão encontra-se com o melhor de si mesma. Afirma que nela *"há sempre mais coisas dignas de admiração e de respeito"*.

Deixemos claro que o **perdão** não é negar, nem esquecer, nem forçar os sentimentos. Pelo contrário, o ponto de partida do perdão é o pleno reconhecimento da ofensa que rompeu a relação. Mas, quem perdoa, não se deixa conduzir pela "memória mórbida", ou seja, não fica "remoendo" o que de mal aconteceu; pelo contrário, reconstrói, através de uma memória sadia, a identidade do outro, deixando de ver nele o mero causador da ofensa para captar sua dignidade mais profunda como ser humano valioso que é, apesar das fraquezas e limitações.

Do mesmo modo, quem perdoa ativa uma memória sadia na percepção de si mesmo, deixando de considerar-se vítima ou magoado e percebendo-se como pessoa capaz de elevar-se acima da mágoa ou da ofensa.

Em última análise, *o perdão é um ato de fé na bondade fundamental do ser humano.*

O perdão é um estilo de vida. É uma disposição permanente. Na verdade, no nível mais profundo, o *"perdão não é algo que a pessoa faz, é algo que a pessoa é"*. O perdão precisa ser um gesto repetido muitas vezes até se tornar um **"hábito do coração"**.

- Leia o evangelho deste dia: **Mt 18,21-35**.
- Jesus colocou no **perdão fraterno** uma das características do ser cristão; ao perdoar-nos, Deus cria em nós um **coração novo**, feito de acordo com o dele, capaz de **perdoar** à sua maneira.
- Re-visite experiências de ter vivenciado o perdão de Deus; traga à memória situações em que você "entrou no fluxo do perdão divino" e foi presença visível desse perdão nas relações com as pessoas.
- Faça um colóquio com o Senhor, dando graças por ter colocado o impulso do perdão no seu coração.
- Faça um exame de sua oração: o que o Senhor tem despertado em seu interior?

- Registre no seu caderno as "moções" e "inspirações" provocadas pela Graça do Senhor.

Quarta-feira
da Terceira Semana da Quaresma

"Quem praticar e ensinar estes mandamentos será considerado grande no Reino dos céus."
(Dt 4,1.5-9; Sl 147(147B); Mt 5,17-19)

- É preciso preparar o "terreno" do coração para que a Palavra de Deus possa agir com mais liberdade.
- Escolha um lugar tranquilo e adote uma posição corporal adequada; lembre-se dos preâmbulos (composição vendo o lugar, petição da graça indicada para esta semana...).
- Leia os "pontos" abaixo para ajudar a ativar um coração aberto à ação da Palavra:

A radicalidade exigida por Jesus pode, em princípio, assustar as pessoas; mas se trata de uma radicalidade que aponta para o coração. Jesus fala da necessidade de viver em conexão constante com o que há de melhor em nós mesmos, ou seja, ancorar nosso modo de viver nas raízes de nossa identidade profunda. Somente a partir desse "eu profundo" é possível perceber que o que daí brota tem a marca do amor.

Jesus não viveu centrado na Lei; não se dedicou a estudá-la nem a explicá-la a seus discípulos. Nunca o vemos preocupado por observá-la de maneira escrupulosa. Certamente, não põe em marcha uma campanha contra a Lei, mas esta não ocupa um lugar central em seu coração. Jesus não foi contra a Lei, mas foi além da Lei. Quis dizer-nos que sempre temos de ir mais além da letra, da pura formulação, até descobrir o espírito que a inspira. *"A lei mata, o espírito vivifica"* (São Paulo).

A preocupação de Jesus não eram as minúcias da Lei, mas a prática do amor misericordioso, de modo especial em relação aos pobres e marginalizados. Com relação a isso Jesus foi radical. Na vivência do amor não podemos descuidar nem da menor lei.

Quando estava em jogo a defesa da vida, Jesus não cedia em nada.

Na relação com os outros somos chamados a ir além da Lei; não se contentar com a prática da lei em si, mas carregá-la de vida. Ela deve ser mediação para amarmos mais.

A vivência da lei também é processo; sempre podemos ir um pouco mais além dela.

A lei, em si, marca um limite: daí o perigo de nos acomodarmos; a vivência do amor, ao contrário, não tem limites. Jesus veio para alargar o horizonte do nosso comportamento, nos libertar dos perigos do legalismo.

A vontade de Deus está mais além de qualquer formulação, por isso, não podemos nos limitar ao que está escrito, mas precisamos sempre dar um passo a mais. Na vivência do **amor**, que emana do nosso eu mais profundo, devemos ser sempre mais radicais, não cedendo diante da mínima manifestação do nosso egoísmo. Na realidade, quem ama não precisa de leis. Segundo São Paulo, *"quem ama, cumpre toda a lei"*.

O **amor** nos faz humanos e essa é sua verdadeira recompensa. O amor não é um meio para alcançar um prêmio. É o caminho e a meta de todos os caminhos.

As leis, as normas religiosas são "andadores" que impedem uma queda; podemos precisar deles por um bom tempo. Mas, no dia em que aprendemos a andar, eles serão um grande estorvo. E se um dia pretendemos correr, será impossível. Quando chegarmos a um conhecimento profundo de nosso próprio ser não precisaremos de apoios externos para caminhar para a verdadeira meta. *"Ama e faze o que quiseres"* (Santo Agostinho).

A partir dessa perspectiva, podemos entender o que Jesus fez em seu tempo com relação à Lei de Moisés. Disse que não vinha abolir a lei, mas plenificá-la, porque foi acusado pelas autoridades religiosas de ser um transgressor das leis.

Temos de escutar bem as palavras de Jesus: *"Não vim abolir a Lei e os Profetas, [..] mas dar-lhes pleno cumprimento"* (v. 17). Não veio lançar por terra o patrimônio legal e religioso do Primeiro Testamento.

Nosso cristianismo será mais humano e evangélico quando aprendermos a viver as leis, normas, preceitos e tradições como Jesus os vivia: buscando esse mundo mais justo e fraterno que o Pai deseja. Quando a Lei nos abre aos outros ela se revela carregada de humanismo; do contrário, cai-se no farisaísmo.

Caímos, muitas vezes, no legalismo que se perde em meio a um emaranhado de leis, desviando-nos do essencial, que é a vivência do amor oblativo, gratuito, expansivo...

Jesus recupera o sentido e o espírito da Lei e não a interpretação casuística.

A Lei é mediação para expandir-nos em direção aos outros e a Deus.

- Leia o texto do evangelho para o dia de hoje: **Mt 5,17-19**.
- Diante de Deus, deixar aflorar os sinais de **"farisaísmo"** presentes no seu cotidiano.
- Frente às limitações do outro, o que prevalece? O peso da lei ou a força da misericórdia?
- Faça um colóquio com o Senhor, ora louvando, ora agradecendo, ora suplicando...
- Registre no seu caderno os "movimentos" do coração: apelos, inspirações, moções...

Quinta-feira
da Terceira Semana do Tempo Comum

"Todo reino dividido internamente será destruído; cairá uma casa sobre a outra."
(Jr 7,23-28; Sl 94(95); Lc 11,14-23)

- Pacifique seu corpo, aquiete sua mente, mobilize seus sentidos para entrar em sintonia com a presença do Senhor.
- Faça a oração preparatória (*"que todas as minhas ações, sentimentos, pensamentos... sejam puramente ordenados ao serviço e louvor de Deus"*).
- Com a imaginação, componha o lugar da cena bíblica (evangelho de hoje) onde você vai entrar e encontrar-se com o Senhor; peça a graça indicada para esta semana.
- Acolha as indicações abaixo como ajuda para criar um ambiente mais favorável de oração.

Vivemos profundas divisões e ódios nas relações sociais, políticas e religiosas... Divisões que são um veneno e deixam transparecer o rosto da desumanização. Não foi diferente nos tempos de Jesus.

Para Ele, o melhor sinal do Reino de Deus é a unidade; o melhor sinal antirreino é a divisão. Unidade não significa uniformidade, mas comunhão de diferentes.

Os **conflitos e divisões** são constantes no caminho da fidelidade ao Evangelho: *divisões externas* que surgem a partir da presença inspiradora e provocativa dos(as) seguidores(as) de Jesus; *divisões internas* que afloram quando a mensagem evangélica ressoa na interioridade de cada um, desmascarando seus impulsos egóicos, suas tendências a fazer-se centro, seus dinamismos de morte...

Toda divisão procede de nosso orgulho e de nossa vaidade; ela deixa de ser princípio de vida e se torna princípio de morte, de rupturas e de violências.

Mas a pior divisão é a que acontece no interior da própria comunidade cristã. Diz o Papa Francisco: *"Dói-me comprovar como em algumas comunidades cristãs consentimos em diversas formas de ódios, calúnias, difamações, vinganças, invejas, desejos de impor as próprias ideias à custa de qualquer coisa, e até perseguições que parecem uma caça às bruxas. A quem vamos evangelizar com esses comportamentos?"*.

Uma comunidade cristã dividida não é a comunidade de seguidores de Jesus; uma Igreja onde cada um acredita ser dono da verdade, não é a Igreja de Jesus. A divisão na Igreja torna-se escândalo que nos impede de unir nossas forças para construir o Reino de Deus; um escândalo que é o grande obstáculo para anunciar o Evangelho.

Jesus nos deixou um mandamento: *"Que todos sejam um, como tu, Pai, estás em mim, e eu em ti"* (Jo 17,21).

Temos a sensação de que a divisão nos seduz; aqueles que não pensam como nós *"atuam pelo poder de Belzebu"*. No entanto, Jesus atua pelo poder do *"dedo de Deus"*.

Podemos sentir, pensar e amar de maneira diferente, sem nos deixarmos conduzir pela divisão.

Deixemo-nos conduzir pelo Espírito, pois Ele é o princípio de união entre as pessoas e nas comunidades cristãs. Uma Igreja dividida não vive do Espírito; uma Igreja comunhão é a Igreja alimentada pelo Espírito.

É próprio do Espírito, reunir, integrar, conciliar, pacificar, conduzir-nos à unidade que tudo acolhe e onde todos encontram seu espaço de expressão.

Sua discreta presença nos move a despertar e acolher nosso potencial de ternura, de cuidado e de resistência diante de todas aquelas situações e forças que desintegram a vida e alimentam divisões.

A atitude fundamental é a de sermos dóceis para nos deixarmos conduzir pelos impulsos do Espírito, por onde muitas vezes não sabemos e não entendemos.

Neste Tempo Quaresmal, empenhemo-nos por ser presenças de comunhão e não de divisão.

Assim, a experiência de **oração** revela notável importância no cerne dos conflitos e divisões internas, e sempre nos oferece um caminho de integração. O dinamismo vital da oração pode ser considerado como um remédio para a nossa insatisfação profunda, uma pacificação nos nossos conflitos com os outros e com a comunidade cristã.

- Leia, saboreando as palavras, o texto do evangelho deste dia: **Lc 11,14-23**.
- Seja transparente diante do Senhor: dê nome às divisões presentes no seu interior.
- Também apresente ao Senhor as situações em que você foi presença que provocou divisões junto aos outros; deixe-se iluminar pela presença pacificadora do Espírito...
- Louve, agradeça, suplique... entre em diálogo íntimo com o Senhor.
- No final da oração faça um pequeno exame da oração: o que o Senhor "escreveu" em seu coração? (apelos, moções, inspirações...). Registre em seu caderno de vida.

Sexta-feira
da Terceira Semana da Quaresma

"Amarás teu Deus...
Amarás teu próximo como a ti mesmo."
(Os 14,2-10; Sl 80(81); Mc 12,28b-34)

- Prepare sua "tenda interior" para um encontro inspirador com o Senhor.

- Mobilize todo o seu ser: corpo, mente, afetividade, coração... para acolher o Senhor.
- Não esqueça da oração preparatória, composição vendo o lugar, graça a ser pedida.
- Aqueça seu interior acolhendo os "pontos para a oração", abaixo.

Estando Jesus em Jerusalém, ambiente marcado por tantos conflitos, um "mestre da lei" se aproxima de Jesus; não demonstra nenhuma agressividade e nem lhe estende uma armadilha, mas vive uma angústia existencial, marcada por um forte legalismo. Sua vida está fundamentada num emaranhado de leis e normas que lhe determinam como comportar-se em cada circunstância, sem dar margem à criatividade e ao desejo de abrir-se ao novo. Do seu coração brota uma pergunta decisiva: *"Qual é o primeiro de todos os mandamentos?"*. Qual é o mais importante para acertar na vida? Onde centrar a vida para livrar-se do peso das exigências da lei?

Jesus entende muito bem o que sente aquele homem que dele se aproxima. Quando na religião vão se acumulando normas e preceitos, costumes e ritos, doutrinas e dogmas, é fácil viver dispersos, sem saber exatamente qual é o fundamental para orientar a vida de maneira sadia.

Tanto naquele tempo como hoje somos sufocados por uma abundância de leis, sejam religiosas ou civis. No fundo, estão sobrando leis, mas está faltando o **amor**. O amor não cabe nas leis, só cabe no coração. Quem ama não precisa de leis. É preciso dar conteúdo de Amor à nossa vida.

A novidade da resposta de Jesus está no fato de que o mestre da lei lhe perguntou pelo mandamento principal (*"amarás o Senhor teu Deus..."*), mas Ele acrescenta um segundo, tão importante como o primeiro: *"Amarás o teu próximo como a ti mesmo"*. Ambos os mandamentos estão no mesmo nível, devem ir sempre unidos; Jesus faz dos dois mandamentos um só. Ele não aceita que se possa chegar a Deus por um caminho individual e intimista, esquecendo o próximo.

A resposta de Jesus aponta para os dois eixos centrais na vida dos seus seguidores: **Deus** e o **próximo**; ambos os eixos se exigem mutuamente, a ponto de um levar ao outro, e a ausência de um provocar a ausência do outro. Quem está sintonizado em Deus, está necessariamente aberto ao amor e à solidariedade; e quem está centrado no amor ao próximo está aberto à iniciativa e graça de Deus.

Assim, o(a) seguidor(a) de Jesus não se caracteriza por pertencer a uma determinada religião, nem por doutrinas, nem ritos, nem normas morais... mas por viver no *"fluxo do amor"* que tem sua fonte no coração do Pai.

O mandamento do **amor** não é apresentado como uma lei que torna nossa vida dura e pesada, mas uma resposta ao que **Deus é** em cada um de nós, e que em Jesus se manifestou de maneira contundente. Nosso amor será *"um amor que responde a seu Amor"*.

O Amor, que **é Deus**, temos de descobri-lo dentro de nós, como uma realidade que está unida intimamente ao nosso ser. Por isso, só há um mandamento: manifestar esse amor, que é Deus, em nossas relações com os outros; o amor é o divino germinando nos meandros do humano. O **amor** é a realidade que nos faz mais *humanos*.

Ser seguidor(a) de Jesus, portanto, é uma *questão de amor*. Amar como Ele é transformar-se nele.

O seguimento de Jesus nos convida a esta liberdade que se encontra na palavra **"Agápe"**, o amor da superabundância, o amor de gratuidade, o amor que transborda, que nada pede em troca. Amar sem ter nada de particular para amar. Amar não a partir de nossa carência, mas amar a partir de nossa plenitude. Amar não somente a partir de nossa sede, mas amar a partir de nossa fonte que jorra.

Só a "agápe" expressa o **amor** sem mistura de interesse pessoal. É um **puro dom de si mesmo**, só possível em Deus. Deus não é um Ser que ama, **é o Amor**. Nele, o **Amor** é sua essência; se Deus deixasse de amar um só instante, deixaria de existir. Não podemos esperar de Deus "amostras pontuais de amor", porque não pode deixar de demonstrar o amor um só instante.

- Leia o evangelho deste dia: **Mc 12,28-34** e deixe que as palavras de Jesus cheguem ao seu coração.
- Tenha sempre presente na **memória** que você foi criado para viver em relação de amor e solidariedade com todos.
- Considere que toda a Criação saiu das mãos do Criador como **presente** especial e gratuito, como uma mensagem de Amor para você.
- Entoe um hino de louvor e gratidão a Deus pelo seu "amor em excesso" que se revela no cotidiano de sua vida.
- Faça um exame da oração e anote no caderno de vida os sentimentos mais intensos.

Sábado
da Terceira Semana da Quaresma

Repetição

Neste sábado, retome seu caderno de vida e faça memória das "visitas de Deus" ao longo desta semana: por onde passou o Senhor? O que Ele despertou em seu coração, através de sua Palavra? Quais foram os sentimentos dominantes de consolação ou desolação?

- Alimente uma profunda gratidão por este percurso quaresmal: tempo privilegiado de acesso ao próprio coração; tempo de identificação com Jesus, que é fiel ao Projeto do Pai (Reino) e ao compromisso com os últimos e excluídos; tempo para enraizar mais ainda o seguimento daquele "que se fez alimento" para que cada seguidor(a) seja uma presença de vida em um mundo de tanta fome.
- Reforce seu ânimo e generosidade para continuar vivendo a "travessia quaresmal", em direção à Quarta Semana.
- Coragem! Deixe-se conduzir pela presença criativa do Espírito Santo!

Anotações Espirituais

Quarta Semana da Quaresma

"Eu estava com fome e me destes de comer."
(Mt 25,35)

Utilize este QR CODE para assistir ao vídeo com as orientações sobre as orações desta semana.

Introdução

Sabemos que a vivência da Quaresma significa um *"estar com Jesus"* no deserto, para, como Ele, dar a Deus o lugar central de nossa vida.

A **Quaresma** é um tempo em que damos maior liberdade a Deus para agir em nós; é abrir espaço, alargar o coração para a ação de Deus. É tempo de **re-construção** de nós mesmos (conversão), de retomada da opção fundamental por Deus e pelo seu **Reino** (maior serviço, mais compaixão, mais solidariedade...).

A experiência de **deserto** passa a ser *"tempo e lugar"* de decisão, de orientação decisiva da vida, de enraizamento de nossos valores, de consciência maior da nossa identidade pessoal e da nossa missão... O mestre do deserto é o **silêncio**; o **deserto** tem valor porque revela o **silêncio**, e o **silêncio** tem valor porque nos revela Deus e a nós mesmos.

O **deserto** é o grande auditório para ouvir Deus; *"solidão"* cheia de presença. Ainda que sozinhos, sentimo-nos solidários, em comunhão com todos. O decisivo é *"deixar-nos conduzir"* pelo Espírito. Aqui não há engano.

A Campanha da Fraternidade deste ano nos mobiliza a ter presente a trágica situação da fome que faz sofrer muita gente. Esse contexto social, em sintonia com a primeira obra de misericórdia (*"dar de comer a quem tem fome"*) deve despertar em cada um o espírito solidário e o compromisso da partilha, sobretudo do alimento.

Alimentar-se é a primeira necessidade a ser atendida, para que cada ser humano possa realizar-se como pessoa. Numa sociedade de esbanjamento e de descarte, a primeira das obras de misericórdia se revela tão distante! A misericórdia é isso: sentir as misérias do outro e, como consequência dessa compaixão, ajudá-lo a superar tal situação desumana.

No entanto, a atual crise social e econômica trouxe para o interior de nossas casas as notícias da desnutrição infantil, as imagens de pessoas fazendo fila para conseguir um pedaço de osso, os lixões onde as pessoas convivem com os porcos e cachorros em busca de restos de comida... Tudo isso clama aos céus e move nossas entranhas... Estamos nos acostumando a ver imagens que tiram a dignidade daqueles que contemplamos, quietos, em silêncio e acomodados...

Jesus se identifica com aqueles que passam fome e nos diz que o Reino de seu Pai está aberto àqueles que se comovem e partilham o alimento com o faminto. Ele vai mais além: Ele mesmo se faz pão para dar à humanidade carente de todo tipo de pães.

Mas, não basta partilhar o alimento com os famintos; é preciso transformar as estruturas sociais, econômicas e políticas que concentram os bens nas mãos de poucos e geram tanta fome e miséria. Dizia D. Hélder Câmara: *"quando partilho o pão com o pobre, sou considerado santo; quando questiono porque há pobreza, sou considerado comunista".*

Graça a ser pedida ao longo desta semana:

Senhor que eu consiga superar a indiferença, frieza e comodismo diante da realidade da fome...

Domingo
da Quarta Semana da Quaresma

"Vai lavar-te na piscina de Siloé."
(1Sm 16,1b.6-7.10-13a; Sl 22(23); Ef 5,8-14; Jo 9,1-41)

- Prepare o terreno do seu coração para acolher a Palavra, sempre surpreendente e nova.
- Busque um lugar silencioso; afaste-se dos aparelhos eletrônicos; tome uma posição corporal confortável; faça um pequeno relaxamento de pacificação...
- Sinta-se na presença de Deus; abra-se à Sua graça... e peça a graça indicada para esta semana.
- Com a imaginação, faça a composição, vendo o lugar da cena do evangelho deste dia, onde você vai entrar para deixar-se afetar pela pessoa de Jesus.
- Leia o relato de **Jo 9,1-41**; mobilize todo o seu ser para uma contemplação, lendo as indicações abaixo.

Todos nós, de uma maneira ou de outra, somos cegos de nascimento, porque nascemos e crescemos em meio a sistemas sociais e religiosos que domesticaram nosso olhar, nos educaram a ter um olhar avesso e atrofiado. A cura do **cego de nascimento**, apresentada pelo evangelista João, é o sinal que nos fala daquilo que o Senhor nos oferece: caminhar na claridade do dia.

Jesus vai curá-lo através de um gesto de íntima proximidade; não realiza um espetáculo para provocar espanto, nem diz palavras ininteligíveis. Simplesmente agachou-se, cuspiu no chão e com sua própria saliva fez um pouco de barro; com a ponta de seus dedos tocou com ternura os olhos do cego e o enviou a lavar-se na piscina de Siloé. É uma cena de re-construção de uma pessoa quebrada e que nos recorda o primeiro barro com que Deus oleiro criou o primeiro ser humano.

Com o relato do cego de nascença, o evangelista João está propondo um processo catecumenal que conduz o ser humano das trevas à luz, da opressão à liberdade, da exclusão à participação. Mas, para isso, é preciso deslocar-se, fazer a travessia e descer em direção a **Siloé**, lugar das águas re-criadoras. Este texto remete à experiência fundante da vida.

Quando o ser humano é separado de sua fonte divina, ele adoece, e a cura acontece quando esse contato com a fonte interior é restabelecido.

O caminho de *"descida"* é o caminho da vida. Siloé está situada na parte baixa da cidade, afastada daqueles que, na parte alta, controlam e manipulam a religião e as pessoas, através da centralidade da lei, do culto, da tradição... Ali não há possibilidade de a vida se expandir e se expressar em todas as suas potencialidades.

Jesus reconstrói o cego quebrado em sua dignidade, mas motiva-o a assumir sua responsabilidade, deslocando-se ao reservatório de água de Siloé e rompendo sua dependência dos fariseus e sacerdotes que o oprimiam, mantendo-o preso à sua situação de cegueira existencial.

O apelo de Jesus é para que o cego seja ele mesmo, em liberdade; com seus gestos e com a força de sua palavra, Jesus despertou no cego a **mobilidade** e **independência**.

Nesse sentido, caminhar em direção a Siloé é descer em direção à própria humanidade, ao mais profundo de si mesmo, para lavar-se no manancial das águas puras.

O cego seguiu as instruções, recuperou a **vista** e atingiu a integridade humana: passou da morte à vida, da opressão à liberdade.

Todos sabemos que o ser humano é dotado de recursos internos inesgotáveis. Cada um possui dentro de si uma fonte de forças reconstrutoras, renováveis, resilientes. Mas, muitas vezes, é preciso um estímulo externo para reconectá-lo com essa fonte.

Sabemos e sentimos, no mais profundo do ser, o que é mais saudável e vital para nós; porém, precisamos de um encorajamento externo para voltar a confiar em nossas próprias potencialidades.

O evangelho deste domingo nos ensina o caminho através do qual *descemos* a uma dimensão mais profunda e assim chegamos à corrente subterrânea; aqui experimentamos a **unidade** de nosso ser; aqui é o lugar da **transcendência**, onde nossa transformação realmente acontece.

Tal experiência significa abertura, dilatação do coração, expansão da consciência ao ver que tudo *parte* de Deus (Fonte do rio da vida) e tudo *volta* para Deus (rio que mergulha no Mar).

- Sente-se junto à sua Siloé interior; mergulhe na **"fonte"** que corre, desça às **"águas"** do amor do Pai, deixe-se molhar pelas **palavras** do Filho e receba a **força** e a **luz** do Espírito.
- Olhe, escute e observe os dois personagens centrais do relato de hoje: Jesus e o cego.
- Fixe a atenção nos gestos de Jesus para com o cego: acolhida, ternura, cuidado...
- Reserve um momento de "colóquio" com Jesus: fale sobre sua vida, aquilo que está bloqueado, impedindo a manifestação das melhores forças, inspirações, criatividade...
- Dê graças por esse tempo de contemplação; registre no seu "caderno de vida" as "moções" mais fortes experimentadas.

Segunda-feira
da Quarta Semana da Quaresma

Senhor, desce, antes que meu filho morra!
(Is 65,17-21; Sl 29(30); Jo 4,43-54)

- Deus sempre é "presença consoladora"; abra-se a esta presença preparando todo o seu ser através dos passos para a oração, da oração preparatória, da composição vendo o lugar, da petição da graça indicada para esta semana.
- Durante uns minutos de silêncio, crie um ambiente interno de pacificação e concentração.
- Leia, saboreando profundamente, o relato evangélico deste dia: **Jo 4,43-54**.
- Para "entrar" na cena, a sugestão é também usar o modo de orar da contemplação.
- Os "pontos" abaixo podem ajudá-lo(a) a se preparar para se deixar afetar pelo relato.

O centro da **missão** de Jesus é aliviar o sofrimento humano; Ele reconstrói o ser humano ferido, fragilizado, doente, privado de sua dignidade. No seu "ministério terapêutico", Jesus depara com diferentes situações de vida ferida. No evangelho de hoje, depois do conflito com o Templo de Jerusalém, Jesus retorna à Galileia, terra da exclusão; por ironia, o primeiro beneficiário da oferta da vida é um funcionário real, um pagão. A missão de Jesus é universal; Ele encontra expressão de fé onde menos se espera. Do coração do funcionário do rei brota um apelo carregado de dor: "Senhor, desce, antes que meu filho morra!".

Jesus prolonga sua "encarnação" e *"desce"* em direção a tudo o que desumaniza as pessoas: os traumas, as experiências de rejeição e exclusão, as feridas existenciais, a falta de perspectiva frente ao futuro, o peso do legalismo e moralismo, a força de uma religião que oprime e reforça os sentimentos de culpa, as instituições que atrofiam o desejo de viver...

Nos Evangelhos há uma constante: Jesus é apresentado como Aquele que é a **Vida**, o único que pode ativar a vida do meio da doença e da morte.

A insaciável sede de *"vida eterna"*, enraizada no mais profundo do coração de todas as pessoas, só pode ser saciada por Aquele que é o **"biófilo"**, amigo da vida.

O caminhar de Jesus pela Palestina gerou situações de alívio; sua missão foi aliviar o sofrimento da humanidade. Pelos caminhos, Jesus se encontrou com as pessoas "des-locadas", sem lugar e sem vida.

Jesus, em seu ministério terapêutico, não pregou sobre a saúde, mas gerou saúde e trouxe vida, transformando a vulnerabilidade em possibilidade, a fraqueza em força, a dor em alegria, a morte em vida...: *"eu vim para que todos tenham a vida e a tenham em abundância"* (Jo 10,10).

Segundo o evangelista João, *"descer"* e *"subir"* são movimentos para descrever o processo de transformação realizado por Jesus no interior de cada um de nós.

Se **com** Jesus quisermos subir ao Pai, temos primeiro de descer **com** Ele à terra, afundar os pés na nossa própria condição humana. Não podemos "subir", se não estivermos dispostos a descer ao nosso "húmus", às nossas sombras, à condição terrena, ao inconsciente, à nossa fraqueza humana.

Nós *"subimos"* a Deus quando *"descemos"* à nossa humanidade. Esse é o caminho da **liberdade**, esse é o caminho do amor e da humildade, da mansidão e da misericórdia.

"Descer" às profundezas de nosso ser é a oportunidade para descobrir regiões novas e novos horizontes, para conhecer o reino interior, para encontrar a riqueza interior e assim experimentar a transformação.

Isso requer coragem para passar por todas as regiões sombrias e chegar ao fundo. Mas essa descida nos possibilita descobrir um mundo diferente, que não conhecíamos ou que havíamos perdido.

- Na contemplação, tendo os sentidos focados na pessoa de Jesus, deixe que a presença dele des-vele as paralisias existenciais e as doenças internas que atrofiam o impulso vital, esvaziando o seguimento.
- O tempo quaresmal é ocasião privilegiada para "descer", junto com Jesus, à sua Cafarnaum interior, lugar onde a vida pode estar travada, ferida...
- Entre em diálogo íntimo com o Senhor, prolongando a súplica do funcionário do rei: *Senhor, desce, antes que meu filho morra!*
- Termine sua oração fazendo um pequeno exame: por onde passou o Senhor? Que sinais Ele deixou em seu coração? Alimente uma atitude de gratidão.
- Registre no seu "caderno de vida" as inspirações despertadas pela Graça de Deus.

Terça-feira
da Quarta Semana da Quaresma

"Queres ficar curado?"
(Ez 47,1-9.12; Sl 45(46); Jo 5,1-16)

- A oração não se improvisa; ela requer uma certa "liturgia": é preciso dar tempo à preparação.
- Seja como o camponês que, pacientemente, prepara o terreno para a semeadura.
- Retome os "passos para a oração"; faça a oração preparatória de sempre (entrega ao Senhor de todas as coisas o que vai acontecer na oração); peça a graça indicada para esta semana.
- O relato evangélico de hoje – **Jo 5,1-16** – é também propício para uma contemplação.
- Aqueça seu interior lendo e saboreando as indicações abaixo; elas poderão ajudá-lo a criar um clima favorável à contemplação.

Jesus sempre se revela como presença surpreendente. Mais uma vez, o encontramos à margem, junto aos "preferidos" do Pai. Ele transita, com muita liberdade, pelos ambientes da doença e da exclusão. O Evangelho de João situa Jesus caminhando por entre uma multidão de enfermos que está à beira da piscina de Betesda. O olhar compassivo de Jesus se fixa num enfermo de longa data: ele o vê, se detém e, sem vacilar, o interpela: "Queres ficar curado?".

Uma pergunta simples, direta e provocativa, que desperta aquele que há tanto tempo se encontrava impossibilitado de ter acesso à vida. Com sua pergunta Jesus mobiliza o enfermo a reconhecer sua própria necessidade e assim poder optar, em liberdade, por ficar curado.

Muitos poderiam estranhar essa pergunta, pois acreditam que todos querem ser curados. No entanto, sabemos que muitos se acomodam em sua doença, pois ela também traz vantagens. Ela serve como desculpa para aquele que não quer assumir a responsabilidade pela sua vida.

O doente responde à pergunta desafiadora de Jesus de forma muito evasiva, contando por que está sofrendo tanto. Os culpados seriam os outros doentes, pois são mais rápidos, e não há quem se preocupe com ele. Um punhado de razões o mantêm prostrado.

Ninguém o leva até o tanque quando a água começa a se agitar. Jesus não se deixa afetar pelas desculpas do enfermo e, com palavras muito fortes o desafia a sair de si mesmo: *"Levanta-te, toma teu leito e anda"*. Jesus não nega a situação do enfermo, mas o instiga a deixar de estar prostrado. É um chamado a colocar-se de pé, ativar a iniciativa e dar direção à sua própria vida. Mas deve carregar o leito consigo, ou seja, assumir a sua história; ele foi reconstruído na sua identidade e, agora, tem autonomia para carregar o leito.

Sentimos também aqui que Jesus aplica o método de terapia adequado para essa pessoa. Ele não se interessa por seus lamentos, mas o desafia a assumir a responsabilidade por si mesmo.

Então, aquele que estava olhando para fora, esperando ajuda de alguém, começa a olhar para dentro e sente que os dinamismos vitais estão presentes em seu interior. É preciso romper com a acomodação e a dependência.

A palavra de Jesus torna-se uma palavra-chave para nós: sempre que nos sentimos paralisados, que temos medo de passar vergonha na frente dos outros ou de revelar nossos limites e inseguranças, nós podemos nos lembrar dela.

Levantar-se em meio à insegurança é uma maneira curadora de lidar com seus medos e de não os recalcar, mas também de não permitir que eles o paralisem. Não é preciso esperar até que eles sejam curados. É mister levantar-se em meio ao medo e prosseguir no próprio caminho.

A situação do enfermo curado pode ser uma privilegiada ocasião para nos perguntarmos: quantas de nossas potencialidades estão comodamente adormecidas e paralisadas em nosso interior? Tal como o enfermo, nos limitamos a proferir uma ladainha de razões que nos fazem permanecer assim, à margem da vida, mendigando ajuda e esperando, resignados, que baixe do céu um anjo para que ocorra um milagre.

O verdadeiro milagre está na vida assumida, na mobilização dos nossos recursos e nas capacidades que não foram ainda ativadas.

Quaresma é tempo para recordar esta realidade: não importa que tenhamos estado trinta e oito anos dando voltas no deserto da vida; não importa quanto tempo sentimos que nosso movimento não nos conduz para onde desejamos. Basta que escutemos o chamado de Jesus que nos situa no novo caminho de vida. Também hoje Deus volta a nos dizer: "levanta-te e caminha!". É decisivo crer e dar o primeiro passo em direção à nossa terra prometida.

- Com a imaginação, mobilize seus sentidos para olhar, escutar, observar e sentir a presença de Jesus em meio aos doentes; faça-se presente à cena e caminhe com Jesus junto à piscina de Betesda; deixe-se impregnar pelos gestos e palavras de Jesus; participe desse momento de cura do enfermo.
- Reserve alguns instantes para uma conversa íntima com o Senhor; fale de suas enfermidades corporais, psicológicas, espirituais...
- Dê graças por esse momento especial de intimidade com o Senhor.
- Registre no seu "caderno de vida" os sentimentos despertados pelo encontro com o Senhor.

Quarta-feira
da Quarta Semana da Quaresma

"Meu Pai trabalha sempre, e eu também trabalho."
(Is 49,8-15; Sl 144(145); Jo 5,17-30)

- Vivemos a cultura da pressa, e normalmente queremos também entrar apressados na oração. É preciso caprichar na preparação e na mobilização de todo o seu ser: corpo, mente, afetividade, coração...
- Faça sua oração de entrega: *"que todas as minhas ações, intenções, pensamentos e sentimentos desta oração sejam puramente ordenados ao serviço e louvor de Deus"*.
- Leia as "sugestões" abaixo como ajuda para entrar em diálogo com o Senhor.

O evangelho de hoje é continuação do relato da cura do paralítico junto à piscina de Betesda. Uma cura que lhe causou problemas, pois foi realizada em dia de sábado. Jesus sempre se revelou livre diante das leis, das tradições, do Templo, do sábado. Para Ele, o mais importante é o ser humano, sobretudo aquele que é vítima da situação social e religiosa.

Mas Jesus não se deixa abater; Ele tem um discurso provocativo, pois, antes de tudo, apresenta o Pai como aquele que trabalha sempre. Isso vem confirmar que o Pai também trabalha no sábado, revelando seu cuidado e providência para com todos os seus filhos e filhas. Assim como o Pai, também o Filho trabalha sempre.

Para a fé cristã, o trabalho humano é mais amplo e rico que os afazeres pontuais que podemos realizar ao longo de nossa vida: o trabalho é um presente de Deus. Percebemos isso quando buscamos no nosso trabalho, por mais duro e rotineiro que seja, um sentido *criativo e amoroso*, o impulso que cuida e faz prosperar a terra, a força que organiza a vida em sociedade e constrói a história humana.

Diante do *"Deus trabalhador"*, o ser humano responde com um trabalho criativo; ele se sente chamado a trabalhar a serviço do Senhor, para sua maior glória. Deus continua trabalhando através de nossa inteligência, de nossos braços e de nosso coração. Em outras palavras, nosso trabalho é prolongamento e visibilização do contínuo trabalho de Deus em favor de todos.

Esta é a **espiritualidade da colaboração**, ou seja, o trabalho é a colaboração do homem com o Deus trabalhador; pelo trabalho a pessoa está louvando o Pai, está salvando o mundo e está crescendo em graça.

Louvor sem trabalho é alienação;

Trabalho sem louvor é escravidão.

Trabalho que se faz com **amor**; Amor é serviço, trabalho: *trabalhar* com a mesma intenção de Deus; *trabalhar* com Deus na mesma direção, fazendo as mesmas obras que Deus está fazendo, ou seja, aperfeiçoando a Criação.

Encontramos aqui o fundamento para uma teologia do trabalho: todo trabalho, seja ele qual for, é redentor, se a motivação é *evangélica*, se ele está orientado para o Reino.

Não é o trabalho que nos faz importantes, mas somos nós que fazemos qualquer trabalho *ser importante,* quando ele é realizado na perspectiva do Reino de Deus. Todo trabalho é nobre, seja ele o de cinzelar estátuas ou o de esfregar o chão.

A alegria do trabalho está no fato de perceber o sentido e a intenção presentes nele.

- Deixe "ressoar" no seu coração as palavras de Jesus, justificando sua ação em favor dos enfermos; Ele sempre vive em sintonia com o Pai, trabalhando em favor da vida.
- Relate a Jesus os seus "trabalhos" cotidianos; você também vive em sintonia com o Pai trabalhador? Seus trabalhos são um prolongamento do trabalho do Pai?...

- Passe alguns momentos louvando, agradecendo, silenciando... Deixe a Graça de Deus "trabalhar" em você, recriando-o, despertando uma nova criatividade...
- Termine sua oração, fazendo um pequeno exame da mesma: sentimentos, moções, inspirações... despertados pela ação de Deus em seu interior.
- Registre no seu caderno tudo aquilo que foi mais denso e forte na oração.

Quinta-feira
da Quarta Semana da Quaresma

"Examinais as Escrituras, pensando ter nelas a vida eterna, e são elas que dão testemunho de mim."
(Ex 32,7-14; Sl 105(106); Jo 5,31-47)

- Comece a oração "despindo os ouvidos" de todos os ruídos e sons.
- Agora, escute a **conversa** do lado de dentro; identifique as vozes, os sons...
- Fique em **silêncio**; faça a oração preparatória, a composição vendo o lugar e a petição da graça indicada para esta semana.
- Sabem os místicos que, sem calar o palavreado crônico, é impossível escutar, no segredo do coração, a **Palavra** de Deus, que neles se faz expressão amorosa e ressonância criativa.
- A **Palavra divina**, acolhida no forno da interioridade, faz sair novas palavras, vivas, quentes... e que transformam a vida.
- Acolha cordialmente as indicações abaixo.

O contexto do evangelho deste dia é o conflito que surgiu entre Jesus e os judeus por causa da cura do paralítico em dia de sábado. E Jesus, como bom Mestre, aproveita o momento para justificar seu "ministério terapêutico", fazendo referência às Sagradas Escrituras.

O encontro com a **Bíblia** é uma longa viagem que nos convida a renunciar à necessidade de tirar conclusões apressadas, interpretações forçadas, sentido único, julgamentos definitivos...

O que acontece quando a Bíblia tem um **encontro** conosco?

É, sem dúvida, o começo de uma bela história de amor. Cada um oferecerá ao outro o que tem de mais profundo, de mais precioso. Cada um receberá do outro um maravilhoso presente: a **vida**.

A experiência do encontro com a Bíblia nos permite ir ao mais profundo de nós mesmos e nos *re-inventar*, cada vez de maneira diferente e original.

O **encontro** com a Bíblia nos abre para as novas dimensões da realidade, para as novas possibilidades de vida; trata-se de um *"alargamento"* de nossa visão das coisas, das pessoas, de nós mesmos...

Nosso **"eu"** mais verdadeiro se põe em movimento e caminha em direção a um novo futuro.

A **Bíblia** é *"uma vida em diálogo"*, e o diálogo com a Bíblia estimula a livre criatividade e o espírito ousado, onde ideias, imagens, desejos, sonhos, sentimentos e condutas novas emergem para a nossa consciência.

No texto bíblico, *"uma palavra é sempre mais que uma palavra"*. Ela é acontecimento relacional na vida original de cada um; no interior de quem a lê, ela é **vida**, **movimento**... ela tem um sentido particular, único; não há começo nem fim, mas *movimento* permanente, interação sempre mais profunda. A mesma **palavra**, aparecendo em outro contexto, desencadeará outro movimento, outro questionamento... criará um novo horizonte, dará uma nova tonalidade à nossa vida.

Nesse sentido, *"ler um texto bíblico é ler-se a si mesmo"*.

Ler é deixar-se retratar a si mesmo no espelho do texto.

Ler o texto é descobrir que, para conhecê-lo, é preciso deixar-se ver por ele e nele.

O texto não é uma mensagem fechada, finita; ele está sempre se fazendo e se atualizando, através do encontro com a vida de cada um.

A *"leitura"* vai operando uma transformação na compreensão e na visão de si mesmo.

Não se trata de *"decifrar"* ou *"interpretar"* o texto; trata-se de que a pessoa leia e interprete sua própria vida à luz do texto sagrado.

A Palavra de Deus é um espelho no qual se reflete aquilo que mais amamos, nossa própria essência. O que a Palavra revela é a identidade do ser humano, o caráter sagrado dos seus valores, a bondade de viver, as riquezas escondidas no seu interior, a motivação pela vida...

Espelho que realiza a nossa *transfiguração*.

Espelho de nossa existência, onde *"compreender torna-se compreender-nos"*. Assim, não somos estranhos ao livro da Bíblia, mas o nosso *"ser no livro"*, faz parte do *"ser do livro"*.

Assim, o texto sagrado vai provocando profundas mudanças no nosso modo de ser e agir; ao mesmo tempo, ele desperta nossos melhores recursos, nos faz livres e criativos, arranca-nos da nossa acomodação e nos torna peregrinos, sempre em busca do melhor.

Nesse sentido, o livro da Bíblia se define muito mais pela **dinâmica** que desencadeia, pelo potencial de **experiência** que proporciona.

"A Bíblia é só 'partida', nunca é 'chegada'."

- Leia o relato do evangelho deste dia: **Jo 5,31-47**.
- Deixe ressoar em seu coração o discurso de Jesus justificando sua ação em favor da vida.
- Jesus profere palavras carregadas de vida; palavras provocativas, inspiradoras...
- Deixe que as palavras dele despertem novas palavras em sua vida.
- No seu cotidiano, prevalece um "palavreado crônico" ou palavras ricas, com sentido?
- Converse com o Senhor, "empalavrando" (pondo em palavras) seus sentimentos, seus desejos, suas buscas...
- Dê graças por este tempo de "conversação" com o Senhor, pois ela sempre abre um horizonte de sentido.
- Registre as "palavras" mais densas e fortes que brotaram do seu interior.

Sexta-feira
da Quarta Semana da Quaresma

"Depois que seus irmãos subiram para a festa, Jesus subiu também a Jerusalém."
(Sb 2,1a.12-22; Sl 33(34); Jo 7,1-2.10.25-30)

- Comece sua oração aquecendo o seu coração, através dos "passos para a oração", da oração preparatória, composição vendo o lugar, petição da graça...
- Vá pacificando e silenciando todo o seu ser: silêncio no corpo, na mente, nos afetos, na imaginação... Deixe-se conduzir pelo mesmo Espírito que conduzia Jesus.
- Leia as sugestões abaixo; elas podem ativar a "faísca" presente no seu interior.

Jesus participava do sonho de todo o povo de Israel que via em **Jerusalém** a cidade da promessa de paz e plenitude futura, lugar aonde deviam vir em procissão todos os povos da terra. A tradição profética havia anunciado uma "subida" dos povos, que viriam a Jerusalém para iniciar um caminho de comunhão e justiça e adorar a Deus no Templo, que estaria aberto para todos. Toda a cidade se converteria em um grande Templo, lugar onde se cumpriria a esperança dos povos.

Jesus queria entrar na cidade das contradições humanas oferecendo uma mensagem de pacificação e um programa de libertação, correndo o risco de encontrar a morte imposta por aqueles que resistiam a qualquer mudança na estrutura social-política-religiosa de seu tempo. De fato, **Jerusalém** era a cidade controlada por aqueles que detinham o poder religioso que, aliado aos romanos, não reconheciam em Jesus o profeta do Reino e não acolheram a salvação que Ele trazia.

Jesus queria levar **vida** a uma cidade que carregava forças de morte em seu interior. Ele queria pôr o *coração de Deus* no coração da grande cidade; desejava reativar a tão sonhada nova Jerusalém, a cidade cheia de humanidade, espaço de acolhida e comunhão, luz dos povos, onde todas as nações se encontrariam. Mas Ele encontra uma cidade petrificada, fechada em seus ritualismos, intolerante e resistente à proposta de vida que trazia.

Jerusalém não é só uma cidade geográfica, situada na Palestina. A Quaresma nos motiva a fazer o percurso em direção à nossa **Jerusalém interior**. Mas, para descer em direção a esta cidade é preciso que nos despojemos da vaidade, do prestígio e do poder...

Nossa Jerusalém interior é também lugar das contradições e ambiguidades; ali dentro experimentamos a trama de relações conflitivas, ali nos deparamos com as angústias, carências e dúvidas...

É preciso cuidar do coração da nossa "Jerusalém interior", esvaziá-lo, limpá-lo, aquecê-lo, transformá-lo em humilde e acolhedor espaço, para que o Espírito do Senhor possa aí descer e habitar, transmitindo-lhe vida, luz, calor, paz, ternura...

É preciso voltar a pôr o "coração de Deus no coração de nossa Jerusalém". Faz-se necessária uma opção corajosa, como Jesus, para entrar e estar no interior de nossa Jerusalém, para aí descobrir o verdadeiro coração de Deus, que pulsa no ritmo dos excluídos, dos sofredores, dos sedentos.

A nossa **Jerusalém interior** é um espaço sempre em expansão. O Evangelho ilumina a vida de nossa cidade e pede atitudes novas, propostas ousadas... Em nosso coração urbano há um **oásis** que regenera: continuamente devemos retornar a esse oásis, se não quisermos que nossa vida se transforme em permanente deserto; é nesse oásis que buscamos o sentido, o descanso, o gosto por viver.

- Procure, na oração, descobrir os sinais do Reino de Deus no meio da aparente confusão de sua Jerusalém interior: lugar da harmonia? espaço aberto e acolhedor?
- Como re-criar, no coração da cidade interior, o ícone da Nova Jerusalém, a cidade cheia de humanidade e comunhão, o lugar da justiça e fraternidade?
- *"Diga-me como você habita sua cidade interior e eu lhe direi como é sua presença no seu espaço urbano".*
- Deixe que Jesus circule pelo seu espaço interno, iluminando, inspirando, provocando...
- No mais profundo de sua Jerusalém, converse com o Senhor: louve, agradeça, suplique...
- No final, examine sua oração: dê atenção aos "toques" e "apelos" do Senhor.

- Faça o registro em seu caderno; isso lhe facilitará fazer a oração de "repetição", no sábado.

Sábado
da Quarta Semana da Quaresma
Repetição

Recorde o que disse Santo Inácio: *"Não é o muito saber que sacia e satisfaz nosso interior, mas sentir e saborear as coisas internamente".*

Para "sentir e saborear" é preciso retornar às experiências fundantes, carregadas de vida.

Este dia é reservado para fazer um modo de oração chamado "repetição".

Com o coração carregado de gratidão, retome o caderno de vida; leia, "sentindo e saboreando" o percurso vivido ao longo desta quarta semana da Quaresma.

Usando uma imagem do apóstolo São Paulo, que diz que *"somos uma carta de Cristo, escrita não com tinta, mas com o Espírito de Deus vivo"* (2Cor 3,3), vá lendo a "carta" que Deus escreveu em seu coração através dos sentimentos mais elevados, as moções mais fortes, as inspirações mais nobres.

Sabemos que não é possível fazer a "repetição" de tudo: somente aquelas experiências mais densas e que se revelaram como uma ação própria de Deus. Afinal, Deus sempre é "presença consoladora" que atua no mais profundo de cada um(a). Acolha o fruto dessa semana.

Crie um clima de ação de graças. Ao mesmo tempo, mobilize-se para fazer a "travessia" em direção à quinta semana da Quaresma.

Mesmo que você esteja experimentando dificuldades, não desista. Deixe-se conduzir pelo Espírito. Muitas vezes, a surpresa está reservada para o final do percurso quaresmal.

Anotações Espirituais

Quinta Semana da Quaresma

"Quer comais, quer bebais, quer façais qualquer outra coisa, fazei tudo para a glória de Deus."

(1Cor 10,31)

Utilize este QR CODE para assistir ao vídeo com as orientações sobre as orações desta semana.

Introdução

A Quinta Semana da Quaresma é como uma espécie de **Monte da visão**, de onde podemos contemplar as primeiras luzes da Páscoa e da Vida. Ela ainda não é realidade, mas já podemos ver seus primeiros sinais. O importante é nos perguntarmos se, de verdade, estamos nos aproximando desse Monte da visão ou, simplesmente, ficamos no caminho, cansados, fatigados ou indiferentes.

A Páscoa é a nossa verdadeira meta? É o nosso verdadeiro horizonte?

É preciso tomar consciência de onde saímos: lugares estreitos, visões atrofiadas, atitudes conservadoras, ideias enfaixadas, sentimentos carregados de ego, coração petrificado... Ou será que vamos chegar à Páscoa tão escravos como quando partíamos, no início da Quaresma?

Que vida mais atrofiada quando se vive bem comodamente, bem tranquilo, bem instalado, bem relacionado politicamente, economicamente, socialmente...!

Mas aquele que, por amor ao Reino, se desinstala, acompanha o povo, se solidariza com o sofrimento do pobre, encarna-se e faz sua a dor do outro... esse "ganhará" a vida. Sua vida transformar-se-á em Vida. Libertam o mundo todos aqueles e aquelas que fazem de suas vidas uma doação, um oferecimento. Assim, deixam-se atravessar por Deus, puro Dom de Si, Amor que não se reserva a Si mesmo.

Sabemos que este caminho em favor da vida é belo, instigante, mas muito arriscado. Aqueles que trabalham em favor da vida, aqueles que lutam contra a fome e a miséria, são frequentemente perseguidos, porque há interesses em jogo e muitos preferem que as coisas continuem como estão. Assim diz o Evangelho: *"Que morra um (Jesus) para que o "bom" sistema prossiga..."* Que morrem muitos, milhões, para que o sistema neoliberal continue sobrevivendo.

É perigoso optar pela vida e testemunhar a ressurreição neste mundo de morte. Há muitos (pessoas e instituições) que preferem manter as coisas assim, traficando com a morte (vendedores de armas, promotores de uma economia que gera fome e mata etc.).

Jesus foi fiel até o fim, abrindo espaço de vida para todos, na justiça e na paz. Para Ele, o único valor é a vida, cada vida, acima de qualquer instituição ou de um programa político e econômico que concentra renda em benefício de uns poucos. Ele investiu toda a sua vida em favor da vida, fazendo-se "alimento" para todos, despertando uma nova esperança, para que todos *"pudessem ter vida e vida em abundância"*.

> **Graça a ser pedida durante esta semana:**
> Senhor, eu vos peço a graça da fidelidade no caminho com Jesus, em direção à Páscoa da Nova Vida.

Domingo
da Quinta Semana da Quaresma

"Lázaro, vem para fora!"
(Ez 37,12-14; Sl 129(130); Rm 8,8-11; Jo 11,1-45)

- Deus sempre vem ao nosso encontro; nós é que nem sempre estamos em sintonia com essa presença. Por isso, é preciso dedicarmos alguns momentos para nos prepararmos e "saborearmos" a ação da graça de Deus no nosso interior.
- Alimente as disposições necessárias para "descer" ao seu coração, "tenda do encontro" com o Senhor: retomar os "passos para a oração", a composição vendo o lugar da cena bíblica, a petição da graça indicada para esta semana...
- Mobilize sua imaginação para fazer uma contemplação; leia os "pontos" abaixo com calma.

No caminho do seguimento de Jesus, ao longo da Quaresma, somos tomados por uma *"moção à vida"* que nos impulsiona a uma *"missão em defesa da vida"*. *"Dai-lhes vós mesmos de comer"*, alerta-nos a Campanha da Fraternidade deste ano.

Alguém já teve a ousadia de afirmar que a **morte** é mais universal que a **vida**; todos morrem, mas nem todos *"vivem"*, porque são incapazes de re--inventar a vida no seu dia a dia; marcados pelo medo, permanecem atados, debaixo de uma fria lápide, sem nunca poder entrar em contato com a vida que flui dentro de si e ao seu redor. Na maioria dos casos, as pessoas passam sobre a vida como sobre brasas: de maneira superficial, fugindo do grande sentido da própria existência. Diante do impulso por viver em plenitude, contentam-se em viver mal ou sobreviver. Trata-se de pessoas mortas diante do *sentido da vida*, ou seja, pessoas alienadas, desconectadas de si mesmas, sem experiência pessoal profunda e sem ter dentro de si a fonte da confiança e do entusiasmo. Criam sepulturas e se enterram nelas.

Quem não sabe *por que* vive e *para que* vive, não pode construir nada em favor da vida.

O apelo de Jesus – *"Lázaro, vem para fora!"* – é um princípio de esperança, mas também de compromisso em favor da vida neste mundo.

"Lázaro, vem para fora!" Hoje, com muito mais intensidade, é preciso deixar ressoar esse grito. Venhamos todos para fora, de maneira que não vivamos mais de mortes, que não vivamos mais na indiferença e na letargia, envolvidos em sudários e vendas, compactuando com a violência e com a injustiça, dando cobertura aos que matam!

Esta expressão – "vem para fora!" - é para todos; temos de sair de um mundo em que, de um modo ou de outro, nos acostumamos com as mortes, com a miséria e com a fome, defendendo estruturas sociais e políticas que atrofiam a vida.

Sair do túmulo significa viver para a vida, na justiça, na solidariedade e na partilha; que todos possamos viver na acolhida e na concórdia, condenando a violência de um modo radical.

O caminho da vida começa ali onde despertamos a sensibilidade diante da terrível situação de fome que uma grande parcela de nossa sociedade padece; são os "lázaros", atados e presos nas sepulturas da exclusão e da miséria, que estão gritando por nossa presença solidária. *"Tirai a pedra da fome!"*, grita também Jesus.

Em chave da interioridade, no relato evangélico deste domingo, *"Lázaro"* pode significar também aquilo que rejeitamos em nós mesmos, aquilo que deixamos enterrado sob uma lápide porque não nos agrada; o que ocorre é que tudo o que enterramos e reprimimos começa a exalar mau cheiro.

Para começar a viver, é preciso, antes de mais nada, reconhecer o que já está morto em nós (falta de sentido, feridas, preconceito, frieza nas relações); reconhecer nosso Lázaro interior naquilo que há de positivo e que ainda não foi ativado, porque preferimos nos fechar em mecanismos egocêntricos; reconhecer nosso Lázaro naquilo que nos pesa e que é reprimido, ameaçando-nos continuamente como uma **sombra**.

Mas não é suficiente reconhecê-lo. É preciso também crer na força da **vida** e no dinamismo do próprio ser habitado por Deus, que nos cria constantemente. A partir daí, podemos escutar a palavra de Jesus que chama à vida e ressuscita o "Lázaro" que ainda vive em nós. O que mais precisamos é reagir à apatia e à acomodação, despertar a confiança na vida e na palavra de Jesus.

O "ego" é nosso principal sepulcro: tudo o que significa culto ao "eu", todo tipo de egoísmo, narcisismo e individualismo. É a incapacidade para a relação aberta e generosa; é o coração solitário; é aquele que se fecha em si mesmo, se asfixia, morre. No fundo, é o sepulcro do não-amor.

Sabemos disso: *"todo aquele que não ama está morto"*.

- Leia o relato da ressurreição de Lázaro – **Jo 11,1-45**; entre na cena do evangelho e procure olhar, escutar e observar os personagens.
- Detenha-se para contemplar o **coração** de Jesus comovido, sacudido diante da dor e da morte; assim é o seu coração: feito com as fibras da fortaleza e da coragem, entrelaçadas com as fibras da compaixão e da ternura.
- Deixe o seu coração pulsar ao ritmo do coração compassivo de Jesus.
- Crie um longo colóquio com Ele, pondo em palavras o que seu coração sente.
- No final da oração, faça um exame da mesma, dando atenção especial às "moções" que brotaram do seu interior; faça o registro no seu "caderno de vida".

Segunda-feira
da Quinta Semana da Quaresma

"Eu também não te condeno. Vai, e de agora em diante não peques mais."
(Dn 13,1-9.15-17.19-30.33-62; Sl 22(23); Jo 8,1-11)

- Deus é presença calada e respeitosa. No silêncio e no olhar profundo podem-se captar os vestígios de sua presença.

- Para sentir a presença de Deus em sua vida, fique atento(a), desperto(a), não perdido(a) em tantas coisas que o(a) levem a viver afastado(a) de si mesmo(a).
- A cena evangélica de hoje também favorece uma contemplação; leia as indicações abaixo.

O evangelho deste dia nos diz que Jesus se encontrava na esplanada do Templo ensinando o povo, quando levaram até Ele uma mulher surpreendida em adultério. De um lado, rostos dos fariseus e Mestres da lei, endurecidos pela lei, com pedras no coração e nas mãos; de outro, o rosto de Jesus, que transparece amor, compreensão, bondade. Suas mãos acolhedoras e seu coração misericordioso estão mobilizados para dar segurança e abrir nova possibilidade de vida à pecadora.

Uma "nobre" justificação era apresentada pelos escribas e fariseus para, assim, condenar uma mulher ao apedrejamento: "a lei" mata. Salva-se a lei, mata-se a pessoa.

A lei manda apedrejar; mas a lei não tem coração, não tem misericórdia; ela é fria, fixa no passado, condena e não oferece chance de um novo futuro.

É o eterno conflito do ser humano entre fidelidade à lei ou fidelidade ao coração. A fidelidade à lei prefere a morte do(a) pecador(a), prefere as pedras que ferem e matam; a fidelidade ao coração e ao amor prefere a vida do(a) pecador(a), prefere o abraço acolhedor que devolve a confiança e a esperança de vida.

Partindo da perspectiva da lei, a mulher não tinha possibilidade nenhuma de viver; não havia saída nenhuma. Só a **misericórdia** poderia destravar a vida, colocar a mulher em movimento, arrancá-la do círculo legalista de morte e abrir para ela um novo e amplo horizonte de sentido.

A retirada de cena dos mestres da lei e dos fariseus é patética. É o sistema legalista e opressor que termina cedendo lugar a uma nova relação, instaurada por Jesus, centrada na misericórdia. A mulher permanece ali, no centro, porque o sistema que decretava sua morte terminou. Agora, inicia-se um novo diálogo, entre Jesus e a mulher. Não é um diálogo inquisitório, mas uma oferta de salvação: a mulher, humilhada e condenada por todos, envergonhada de si mesma, se encontra com Jesus que lhe diz: *"Eu também não te condeno".* Desde modo, Jesus nos ensina que não se extingue o mal eliminando quem o cometeu, mas oferecendo ao pecador condições de vida nova e plena. E a mulher, talvez pela primeira vez, sentiu-se profundamente amada.

Jesus é o "pedagogo misericordioso", pois ativa nas pessoas as melhores *possibilidades, riquezas escondidas, capacidades, intuições*... e faz emergir nelas sua **verdade** mais verdadeira de pessoas amadas, únicas, sagradas, responsáveis...

A força criativa da sua presença misericordiosa põe em movimento os grandes **dinamismos** da vida; debaixo do modo paralisado e petrificado de viver, existe sempre uma possibilidade de **vida nova** nunca ativada.

O "princípio da misericórdia" é o núcleo e a essência do Evangelho. E a misericórdia é o *"amor em excesso"*. Na **misericórdia**, Deus sempre nos surpreende, sempre excede nossas estreitas expectativas, abrindo caminho a partir de nossas fragilidades. Só o **amor misericordioso** de Deus nos reconstrói por dentro, destravando-nos e abrindo-nos em direção a horizontes maiores de coragem, responsabilidade e compromisso.

A **misericórdia** constitui a resposta de Deus à nossa indigência.

A **misericórdia** é expansiva, pois abre um novo futuro e desata ricas possibilidades latentes em cada um. Ela não se limita ao erro e às fragilidades, mas impulsiona cada um a ir além de si mesmo.

Onde não há **misericórdia**, não há sequer esperança para o ser humano.

A **misericórdia**, portanto, não só é a mais divina mas também a mais humana das virtudes. É aquela que melhor revela a essência do Deus Pai e Mãe de infinita bondade. É a que revela, igualmente, o lado mais luminoso da natureza humana. Por isso, ela é o atributo que mais humaniza as relações entre as pessoas.

- Leia o evangelho de **Jo 8,1-11**. Com a imaginação, faça-se presente à cena, olhando, escutando e observando as diferentes reações dos personagens (fariseus e mestres da lei com as pedras na mão, a mulher pecadora, Jesus misericordioso).

- Todos os personagens são um espelho para nós; neles nos vemos e todos temos um pouco de cada um deles no nosso interior. Por isso, fique diante de cada personagem e verifique os traços de cada um deles em sua vida; demore mais tempo diante da pessoa de Jesus: deixe que a misericórdia dele desperte a misericórdia em seu coração.

- Passe um bom tempo em conversação amorosa com Jesus; coloque sua vida diante dele: seus problemas, suas feridas, suas preocupações...
- No final, expresse gratidão por esse tempo de oração e registre as "moções" que brotaram do seu coração.

Terça-feira
da Quinta Semana da Quaresma

"Quando tiverdes elevado o Filho do Homem, então sabereis que 'eu sou'."
(Nm 21,4-9; Sl 101(102); Jo 8,21-30)

- Pacifique todo o seu ser para "fazer-se presente diante do Deus presente".
- Vá silenciando o corpo, a mente, a imaginação; tenha presente a oração preparatória, a composição vendo o lugar da cena, a graça a ser pedida durante esta semana.
- Leia, com calma, as indicações abaixo; elas podem ajudar a criar um clima favorável para uma oração mais profunda.

Ao longo desta semana teremos acesso a uma longa e conflituosa conversação de Jesus com os judeus (cap. 8 de São João); conflito que nasce do choque entre as exigências do Amor e a realidade injusta e pecadora. Jesus não cria conflitos; mas os conflitos são consequência da fidelidade de Jesus à causa da vida.

Tudo o que Jesus diz e faz – suas *atitudes*, seus *gestos*, suas *palavras* – revela uma nova visão das coisas, um novo ponto de partida, uma nova ordem, um novo projeto. Jesus optou por ficar do lado dos pobres, dos doentes, dos famintos, vítimas de uma estrutura social e religiosa que excluía.

Essa fidelidade tem um preço: "ser elevado" na Cruz. Sua paixão pelo Reino do Pai não podia acabar de outra forma a não ser na paixão que os reinos deste mundo fizeram-no padecer.

Jesus foi *"elevado"* porque assumiu tudo o que é **humano**, porque "desceu" e se comprometeu com a história dos pequenos, dos pobres e excluídos; foi elevado porque "mergulhou" no mais profundo da condição humana, comprometendo-se e sendo presença solidária; Ele se elevou quando se abaixou para acolher a vida que estava ameaçada.

Ele viveu a "elevação" em todos os momentos de sua vida, de maneira especial, quando se deslocou em direção aos outros.

Toda a sua vida foi uma contínua "elevação", porque Jesus cuidou da vida, colocou sua vida a serviço da vida, ativou todos os seus recursos de vida...

Crer no "Jesus elevado" implica crer na exaltação dos pequeninos e humilhados, dos pobres esquecidos, dos injustiçados sem voz, dos sofredores sem vez, dos abandonados sem proteção, dos misericordiosos descartados, dos mansos violentados...

Fazendo caminho com Jesus, na fidelidade ao seu Reino, participamos também de sua "elevação".

Somos "elevados" quando não nos deixamos determinar por uma vida estreita e atrofiada, presa pelos apegos... Somos "elevados" quando sonhamos, buscamos e ativamos todos os dinamismos humanos de crescimento e de expansão em direção aos outros. Nós nos "elevamos" quando "descemos" em direção à humanidade ferida e excluída. O "subir" até Deus passa pelo "descer" até às profundezas da realidade pessoal e social, sendo presença servidora.

"Viver a elevação com Jesus" implica esvaziar-nos do "ego", para deixar transparecer o que há de mais divino em nós. Não há maior glorificação. Este esvaziamento não implica a nossa anulação enquanto "pessoa", mas nossa potenciação. Na medida em que os aspectos que a limitam diminuem, aumenta o que há de plenitude.

Com razão, viu Santo Inácio no *"sair do próprio amor, querer e interesse"* o termômetro de toda vida espiritual, a chave de toda existência que queira deixar transparecer o ser e o agir de Deus em nós.

O *"sair do próprio amor"* significa que o centro da vida seja ocupado não pelo **ego** com suas velhas pulsões de cobiça, honra vã e soberba, mas por **Deus**. Significa que, a partir desse lugar de adoração e de encontro, nosso eu se abra às preferências de Deus, deixando "Deus ser Deus" em nossa interioridade.

Entremos no movimento vital da "elevação de Jesus"; sejamos simplesmente humanos; vivamos com sabedoria e intensidade. É isso que Deus deseja a todos os seus filhos e filhas.

- Releia, saboreando, o evangelho deste dia: **Jo 8,21-30**.
- Deixe que as palavras de Jesus desçam da cabeça ao coração; não é preciso pensar sobre elas, basta senti-las; são palavras vivas que movem a vida.
- A Palavra acolhida desperta novas palavras em seu coração, que se expressam como louvor, agradecimento, súplica...
- No final da oração fazer um pequeno exame das "marcas" de Deus no seu interior: apelos, luzes, "moções" de consolação ou desolação.
- Faça o registro no seu "caderno de vida".

Quarta-feira
da Quinta Semana da Quaresma

"...conhecereis a verdade, e a verdade vos tornará livres."
(Dn 3,14-20; Dn 3,52-57; Jo 8,31-42)

- A oração cristã pede o envolvimento de toda a pessoa: corpo, mente, afetividade, imaginação, vontade... por isso, é preciso caprichar na preparação para que o coração possa deixar fluir o "manancial" ali presente.
- Não esqueça os "passos para a oração", a oração de entrega, a composição vendo o lugar da cena, a petição da graça desta semana.
- Leia a breve reflexão abaixo como ajuda para aquecer sua interioridade.

Fala-se muito da **verdade;** é uma busca humana, mas muito delicada. Existem aqueles que, em nome da verdade, excluem, odeiam, insultam, julgam... Há outros que se fazem "donos" da verdade: dogmáticos, fanáticos, intolerantes... Mas, na realidade, devemos ser muito humildes na maneira de nos aproximarmos dela. É preciso buscar sem cessar, até descobrir algumas verdades essenciais que dão sentido à nossa existência.

O ser humano busca a **verdade;** antes de "ter" verdade, ele quer "ser verdade". Jesus afirma: "eu sou a verdade", e não "eu tenho a verdade" (poderia fechá-lo diante da verdade do outro, caindo no fundamentalismo). O importante não é *ter* a verdade, mas *ser* verdadeiro, transparente. A pessoa verdadeira pode entrar em consonância com a verdade do outro.

Jesus é verdadeiro, revela o que é mais nobre em seu coração, não usa máscara, é pura transparência do rosto do Pai.

"*Andar na verdade*" é identificá-la com o caminho mesmo da vida humana. A verdade não está na ciência abstrata, nem nas teorias puramente racionais, nem nos sistemas fechados... A verdade é a vida humana, como prolongamento da mesma vida de Deus.

"*Agir conforme a verdade*" significa dizer que "nós somos a verdade", não contra alguém, mas a favor de todos. Nós somos a verdade, os que caminhamos e vivemos no amor, sabendo que em nossa vida se expressa a Vida e a Verdade do Deus Pai.

Ser seguidor de Jesus é fixar o **olhar** nele, pois Ele é o centro do nosso caminho; ao caminhar com Ele, vamos nos revelando, e a partir dele vamos descobrindo nosso *ser verdadeiro* (que nos abre para acolher a **verdade** presente em cada ser humano – verdade que vai além das verdades religiosas, políticas, ideológicas...).

Quem se descobre verdadeiro e sem máscara, vive profundamente, alarga sua vida a serviço dos sem-vida.

Essa é a via da humanização; e quanto mais nos humanizamos, mais nos divinizamos.

A **verdade** não é um dogma, e sim um caminho. Quanto mais verdades absolutas, mais estreito vai ficando o nosso mundo. A humanidade busca a verdade, mas também pode asfixiá-la. Costuma-se calar a verdade que incomoda. Também existe sempre a tendência de querer impor, pela força, pelo medo, aquilo que acreditamos ser verdadeiro. Quanto fanatismo! Quanto dogmatismo! Quanto fundamentalismo! E tudo isso em nome de Deus.

"*A verdade também pode ter suas vítimas.*"

É significativo pensar que os antigos gregos entendiam a verdade como "a-létheia" ("sem véu"): quando "tiramos o véu" é quando emerge a Verdade do que somos. Aqui, cabe o termo "inventar, que significa "descobrir o que está oculto", e significa também "criar, fazer surgir o novo".

Importa "inventar" a verdade, ir à morada da verdade, encontrar a verdade.

Isso é o que Jesus viveu. Porque chegou a experimentar a verdade profunda de si mesmo, pôde dizer: "Eu sou a verdade". Essa não era uma afirmação egóica, nem tampouco se referia a nenhuma crença ou ideia em particular. Era a proclamação-constatação humilde e jubilosa de quem des-velou e viu o "segredo" último de sua vida.

Jesus é o mártir da Verdade. Quando diz que *"veio para dar testemunho da verdade"*, Ele não está falando de morrer por uma doutrina teórica, nem se refere a verdades doutrinais ou a um conjunto de crenças; Ele está falando da verdade de seu Ser e da verdade de todo ser humano. Jesus é fiel porque vive na verdade, vive na transparência.

- Retome o texto do evangelho de hoje: **Jo 8,31-42**.
- Todas as palavras de Jesus são densas e ricas de significado; são para serem saboreadas internamente; vá abrindo sua interioridade para que elas cheguem até o coração, iluminando e inspirando toda a sua vida.
- Traga sua vida (vivências, experiências, situações não integradas...) e deixe que a luz das palavras de Jesus pacifique tudo.
- A partir da ressonância das palavras, entre em diálogo íntimo com o Senhor: deixe que o seu coração se expresse de maneira livre.
- Esteja atento aos apelos, luzes, inspirações, moções... registrando-as em seu caderno.

Quinta-feira
da Quinta Semana da Quaresma

"Se alguém guardar a minha palavra, jamais provará a morte."
(Gn 17,3-9; Sl 104(105); Jo 8,51-59)

- Para que a oração tenha frutos é preciso investir na preparação; não se entra em oração de maneira apressada: é preciso repouso, silêncio, mobilização de todo o ser...
- Não esqueça os "passos para a oração" e os preâmbulos.
- Leia as indicações abaixo como uma ajuda para um despertar interior.

Estamos no final do cap. 8 do Evangelho de João. Chega a hora do desenlace; a alternativa é clara: abrir-se à verdadeira Vida ou permanecer enredados numa vida atrofiada? Acolher a palavra inspiradora de Jesus ou deixar-se conduzir por "palavras vazias"? Não há neutralidade.

Que resultado teve a oferta de Jesus? Suas **palavras** entraram em choque com a mentalidade vigente; era inadmissível que uma pessoa pudesse comunicar uma mensagem tão exigente e tão libertadora. Suas palavras romperam visões distorcidas, mentalidades fechadas, modos arcaicos de viver, conservadorismo...

Também hoje corremos o risco de "adocicar" as palavras de Jesus para que não questionem nosso modo de ser e viver. Com frequência, queremos transformar suas **Palavras de Vida** em um conjunto de ritos, doutrinas, normas... para serem manipuladas segundo nossos critérios e nosso modo de viver. Mas a Palavra de Jesus nos desestabiliza, nos desequilibra e questiona a normalidade doentia de nossa vida cotidiana.

As **palavras** de Jesus, proferidas junto ao Templo de Jerusalém, questionam, também hoje, o sentido que nossas palavras têm; elas nos fazem tomar consciência daqueles que se sentem movidos por nossas palavras, nos fazem perguntar sobre a inspiração e a força das palavras que brotam do nosso interior.

Quantas palavras temos dito ou escrito hoje? Talvez tenhamos enviado um e-mail; ou feito um comentário no Whatsapp ou no blog de um amigo; ou tenhamos conversado junto a uma mesa de bar, partilhando conselhos, trocando ideias; ou tenhamos falado com nossa mãe ao telefone...

Vivemos saturados de palavras. Elas nos assaltam nas canções, estão nos perfis virtuais, nos livros, em mil e uma conversações. Falamos, dizemos, escrevemos, escutamos, lemos...

E de tanto usá-las, talvez as palavras tenham perdido o sentido. Estamos tão acostumados a proferi-las que não nos damos conta do muito que significam. Então falamos, mas não vivemos; digitamos palavras, mas não transmitimos calor humano. Assustam-nos converter a palavra em palavreado crônico.

Há palavras que se gastam de tanto serem usadas; há afirmações que, de tanto serem repetidas, perdem sua força. Palavras que perdem seu valor, caindo no terreno comum das "coisas baratas". Pronunciar, sem enrubescer, palavras que deveriam ser ditas com extremo cuidado, como compaixão, justiça, amor, vida... É bonito pensar no poder das palavras, ou em nosso poder e responsabilidade ao pronunciá-las.

Nos "templos pós-modernos", as redes sociais, temos a oportunidade de proferir palavras que ampliam a vida, elevam o outro, abrem horizontes de sentido; elas também se revelam como o espaço onde escutar palavras oriundas de um coração e uma mente diferentes, que despertam mudanças, a busca do novo... Infelizmente, como nos tempos de Jesus, também esse ambiente tem sido o local da expressão de palavras ásperas de julgamento e de indiferença, carregadas de preconceito e intolerância. Ali encontramos a soberba disfarçada de verdade, o conservadorismo farisaico que cria distâncias, o medo camuflado de firmeza, as inseguranças alimentando divisões... Essas atitudes nunca deixam espaço para o novo; nesses ambientes disfarçados de fundamentalismo, moralismo, legalismo... nem o Espírito tem espaço para atuar e inspirar "palavras de vida".

Jesus também foi "deletado de sua comunidade" porque ousou pensar de maneira diferente; suas palavras e as suas opções rompiam com esquemas mentais arcaicos e petrificados.

Por isso, dentro de nossos ambientes atuais, é preciso alimentar mais sobriedade frente à "falação vazia"; mais sinceridade frente à mentira; mais acolhimento frente à indiferença...

- Deixe-se tocar pelas palavras de Jesus proferidas no Templo de Jerusalém, de acordo com o Evangelho de João 8,51-59: são palavras provocativas e que pedem um coração aberto; são palavras inspiradoras que abrem um novo horizonte de vida.
- Diante das **palavras** que brotam de seu templo interior, perguntar-se: quantos se sentem tocados pelas suas palavras? Quantos daqueles que as escutam se sentem animados, vibrantes, curados... Até onde você fala daquilo que vive? Suas palavras despertam o coração das pessoas?
- Confronte suas palavras com as palavras de Jesus; entre em sintonia com o coração dele para que brotem palavras de vida do seu interior.
- Crie um colóquio com Ele, deixando vir à tona as palavras mais densas e agradecidas.
- Termine o tempo de oração pessoal avaliando os movimentos despertados no seu interior.
- Faça o registro das palavras, sentimentos, "moções"... Viva em ação de graças!

Sexta-feira
da Quinta Semana da Quaresma

"De novo, os judeus pegaram em pedras para apedrejar Jesus."
(Jr 20,10-13; Sl 17(18); Jo 10,31-42)

- Aproxima-se a Semana Santa; este tempo litúrgico pede maior interioridade e silêncio.
- Por isso, neste tempo de oração, vá despertando uma nova sensibilidade para ser solidário com Jesus. que é fiel até o fim.
- As orações destes dias são mais silenciosas; evite o "palavreado".
- Como ajuda para criar um clima interior de intimidade com Jesus, leia os "pontos" abaixo.

Por que somos tão rígidos, tão duros, tão insensíveis, tão intolerantes?

O que nos faz ficar petrificados e arrogantes por dentro?

Jesus, na sua missão, sempre deparou com pessoas de coração rígido, arrogante, intolerante... E eram justamente as pessoas mais "religiosas": sacerdotes, escribas, fariseus...

Quando a "lei" torna-se absoluta, a pessoa fica petrificada por dentro; assim, as pedras brotam do coração e vão para as mãos, prontas para serem lançadas sobre aqueles que pensam e agem de maneira diferente.

As **"pedras na mão"** são fáceis de ser encontradas também em nossas vidas. Hoje são as pedras do Whatsapp, do Twitter, das mensagens preconceituosas, das *fake news*... que bloqueiam o futuro das pessoas através da crítica sem piedade, do desprezo que destrói, da indiferença que congela as relações...

Normalmente, a petrificação interior é sempre recheada de devocionismos externos, repetitivos, de moralismos estéreis... O legalismo intransigente e inflexível desemboca no orgulho e na vaidade, levando a pessoa a assumir o lugar de Deus, fazendo-se juiz dos outros.

Quem tem o coração petrificado não tem bênçãos a oferecer, mas pedras a serem atiradas.

A **arrogância** também tem raízes em nosso interior; manifesta-se no nosso pensar e agir cotidianos. Ela é a base de nossas intransigências, dos nossos preconceitos, dos nossos dogmatismos, de nossas críticas amargas, dos comentários maldosos... A arrogância mora no nosso desprezo e nas nossas ironias. Ela nos paralisa.

Por isso, a maior infelicidade é ficar estagnado: emoção petrificada, conceitos e preconceitos petrificados, imagem de Deus petrificada, atitudes petrificadas, religião petrificada (legalismo, moralismo, perfeccionismo...). Somos submetidos ao grande risco de ficarmos imobilizados, emparedados em nosso corpo, rígidos em nossos pensamentos, em nosso coração e em nosso espírito.

Como passar do coração de pedra para a morada da fonte de água viva?

Como libertar o nosso coração dos medos que nos levam a excluir e rejeitar os outros e fechar-nos numa fria rigidez?

Como reencontrar, no nosso cotidiano, a fluidez que habita em nós?

O convite de Jesus é para que cada um tenha acesso ao seu coração petrificado e se deixe banhar pela misericórdia do Pai. Só a misericórdia é capaz de quebrar a rigidez e a frieza nas relações entre as pessoas. Um coração compassivo é a única via para que as pedras não caiam sobre nenhum inocente e, ao mesmo tempo, todos possam encontrar a possibilidade da transformação e da mudança.

São Cura d'Ars dizia que *"os santos têm o coração líquido"*; ou seja, ser **santo** é ser flexível, manso, não resistente, sensível... Resgatar em nós a "fluidez do ser" é entrar na dinâmica do seguimento daquele que se revelou "manso e humilde de coração".

Ao falar de fluidez pensamos na qualidade cristalina e poderosa da água viva que brota do nosso *"eu profundo"*. Aceitar, com *fluidez*, cada momento, é deixar nossa vida deslizar como um rio, mantendo-nos à tona. Seremos mais fluídos, mais *"líquidos"*, à medida que substituirmos a rigidez pela acolhida, pela abertura, pela não-resistência, pelo amor a nós mesmos; para vencer a rigidez devemos ter mais ternura e humor em relação a nós mesmos. Assim, nosso coração terá bênçãos a oferecer.

- Retorne ao texto bíblico de **Jo 10,31-42**.
- Estamos nos momentos finais da vida pública de Jesus; por isso, suas palavras têm um "peso" maior: elas provocam a pedem mudança de vida.

- Abra sua mente e seu coração e deixe ressoar a voz de Jesus.
- Entre em diálogo com Ele; expresse seu desejo de fazer caminho com Ele até o final.
- Registre os sentimentos predominantes neste tempo de oração.

Sábado
da Quinta Semana da Quaresma

Repetição

O retorno memorial às experiências vividas durante a semana enche nosso coração de gratidão.

Fazer a leitura das "pegadas de Deus" no nosso interior nos faz viver em contínua ação de graças. Por isso, a oração de repetição é um modo de orar onde a memória agradecida se deixa empapar pela presença consoladora de Deus. Deus sempre é presença consoladora; nós é que nem sempre correspondemos a essa presença.

- Comece sua oração como de costume: ambiente externo e interno favorável, sintonia com a presença de Deus, petição da graça...
- Retome suas anotações e faça memória dos momentos mais densos e ricos de sua oração durante a semana que ora finda.
- Re-visite, com outra expectativa, os apelos de Deus, as moções experimentadas, os sentimentos mais nobres; re-visite também os momentos mais obscuros e de aridez, as desolações, as resistências...
- Tudo faz parte do percurso de fé; devolva tudo às mãos do Deus Providente.
- Crie um clima de ação de graças...
- Desperte novo ânimo para participar com mais intensidade dos mistérios Pascais: Paixão-morte-ressurreição de Jesus. Todo o caminho percorrido até aqui é para viver com mais inspiração e sentido os mistérios da Semana Santa.
  – Avante!

Anotações Espirituais

Semana Santa

"Tendo amado os seus que estavam no mundo,
amou-os até o fim."
(Jo 13,1)

Utilize este QR CODE para assistir ao vídeo com
as orientações sobre as orações desta semana.

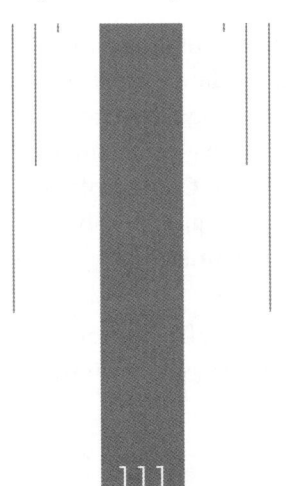

Introdução

A semana mais importante para os cristãos é a chamada "Semana Santa", centro e coração de todo o ano litúrgico, memorial do acontecimento mais importante que ocorreu na história do universo e que dá sentido a toda a criação e às nossas vidas. Nesta semana celebramos o amor extremo que Jesus manifestou na sua morte, dando sua vida por nós e, sobretudo, na sua ressurreição dentre os mortos, e agora está vivo para sempre e a morte já não tem nenhum poder sobre Ele. Com sua vida e sua morte, mostra-nos o caminho que nos conduz à salvação, e com sua ressurreição nos revela o sentido de nossas existências: fomos criados para Deus, para gozarmos da plenitude da própria vida de nosso Deus eternamente.

A celebração da Semana Santa gira em torno do mistério pascal da existência humana, ou seja, o movimento de morte e ressurreição: toda vida que surge neste mundo, seja ela vegetal, animal ou humana, a um momento morrerá: e só a morte permite um novo nascimento, porque "se o grão de trigo que cai na terra não morrer, permanecerá só; mas, se morrer, produzirá muito fruto" (Jo 12,24).

Relembro algumas atitudes interiores que podem ajudar a vivenciar em maior profundidade e intimidade o mistério pascal de Cristo nosso Senhor, nesta semana:

- Cultivar o silêncio do coração. Jesus já não é um desconhecido para nós. Normalmente os sofrimentos e a morte de pessoas que não conhecemos afetam pouco nossa sensibilidade. Não acontece o mesmo quando se trata da perda de pessoas a quem amamos, de nossos parentes e amigos. Ao longo dos exercícios desta Quaresma, descobrimos que Jesus é nosso grande amigo: "Já não vos chamo servos, mas amigos" (Jo 15,15). Contemplemos, pois, no silêncio e com grande empatia, esse amigo que sofre e que caminha para a morte, procurando participar interiormente de seus sofrimentos, de suas angústias, de sua agonia.
- Tenho presente que Ele sofre por mim: "Ele carregou as nossas dores; foi esmagado por nossas iniquidades; por suas chagas fomos curados" (Is 53,4-5).

- Contemplo também "como sofre": na paixão, Jesus revela em plenitude o amor agápe do Pai e seu amor pela humanidade. Jesus sofre a maior injustiça, sem ódio, sem desejos de vingança... mas perdoando e oferecendo sua vida pelos pecadores... para que nós tivéssemos vida em abundância (Jo 10,10).
- Contemplo também como a paixão de Cristo continua na história. Hoje, quanta dor, quanta solidão, quantos inocentes sendo injustiçados, quantas injustiças estruturais, desigualdades sociais, violência, discriminação racial ou de gênero... Que fiz... que faço... que devo fazer por Cristo e por meus irmãos e irmãs?
- Contemplo como dessa morte por amor surge a vida, em plenitude e eterna, a nossa salvação, a esperança, a alegria do existir cristão. Estamos salvos!!!
- Que esta semana seja também um momento de grande ação de graças por tantos dons recebidos.

Lembrete: Em cada oração desta semana lembrar-se, cuidadosamente, de alguns pontos indicados no início deste opúsculo, para concentrar-se na oração:

- Preparar-se para a oração, criando um ambiente interno e externo de silêncio e escuta amorosa.
- Pedir a Deus a graça de participar dos sentimentos de Jesus, às vésperas de sua morte.
- Com a imaginação, representar-se no lugar onde a cena se desenrola (composição do lugar): olho, escuto, observo o que fazem as pessoas que aparecem nessa cena e participo destes momentos densos, deixando-me impactar, sobretudo, pelos gestos, palavras e sentimentos de Jesus.
- Verificar com quais personagens da cena você mais se identifica.

> **Graça a ser pedida durante esta Semana Santa:**
> Dai-me, Senhor, viver intensamente os mistérios da Paixão-Morte-Ressurreição de Jesus para ativar uma solidariedade com todos os sofredores e famintos de hoje.

Domingo
de Ramos

Proclamação pública do Messias – Rei da paz
(**Bênção de ramos:** Mt 21,1-11; **Missa:** Is 50,4-7; Sl 21(22); Fl 2,6-11; Mt 26,11-54)

Contemplo aquela cidade de Jerusalém (palco de tantos acontecimentos salvíficos no passado) regurgitando de peregrinos provenientes da Galileia, da Judeia e da diáspora, que vêm celebrar o Memorial da páscoa, da libertação da escravidão do Egito, espalhados numa multidão de tendas fora dos muros da cidade: a população de Jerusalém quadruplicava por ocasião da festividade pascal.

Poucos dias antes Pilatos tinha se transferido de Cesareia Marítima para Jerusalém. Entrara na cidade montado a cavalo e cercado por um batalhão de soldados para reforçar e garantir a "ordem", pois sempre havia o medo de rebeliões nacionalistas, nesses momentos de fervor religioso e anseio de liberdade. Entrara em Jerusalém como o dominador poderoso, em grande estilo, contrastando com a entrada de Jesus na "sua" cidade.

Contemplo em seguida os dois gestos proféticos e "perigosos" de Jesus nesse contexto: A entrada em Jerusalém como "Rei da Paz", manso e humilde... Presto atenção aos seguintes pontos:

- A iniciativa da entrada de Jesus em Jerusalém foi tomada por Jesus mesmo. Não foi uma manifestação espontânea do povo, sobretudo dos galileus espalhados em tendas fora dos muros da cidade, mas aconteceu porque Jesus quis e organizou esta manifestação.
- Trata-se de uma manifestação pública, perante o poder romano e o poder religioso de Israel, de seu messianismo. Entra na cidade como "Rei da Paz", cumprindo a profecia de Zacarias: "Eis que teu Rei vem a ti, justo e salvador, humilde, montado num jumento" (Zc 9,9). Jesus sabe que com este gesto está arriscando a vida, porque entrar em Jerusalém, na festa da páscoa, sendo aclamado rei, não podia deixar de inquietar os romanos para quem o único rei era Cesar, o imperador.
- Ele é o rei pacífico e humilde que bate à nossa porta para dar-nos a sua paz, paz que o mundo não conhece nem pode dar, e como temos fome dessa paz! Com esse gesto profético, Jesus deslegitima

e condena todo poder político e econômico que oprima e domine as pessoas.

- O gesto profético de Jesus é um gesto de solidariedade com os pequeninos e pobres explorados pela elite religiosa de Israel, e com ele Jesus deslegitima e condena todo poder religioso que oprima as pessoas.
- Com esses dois gestos proféticos e públicos Jesus proclama ao mundo todo, representado em Jerusalém pelos romanos e pelo povo eleito de Israel, que Ele é o Messias prometido por Deus, o Salvador que a humanidade esperava. Essa proclamação irrita os romanos e, mais ainda, o poder religioso de Israel. Sua morte está decretada. Aproxima-se o drama final...

Termino a oração com um colóquio íntimo com Jesus, acolhendo-o em minha vida como o meu único Senhor e Rei, e solidarizando-me com os pobres e pequeninos oprimidos e marginalizados pelos sistemas políticos, econômicos e mesmo religiosos de hoje.

Faço, em seguida, a revisão da oração registrando o que foi mais significativo para mim.

Segunda-feira
da Semana Santa

A unção em Betânia
(Is 42,1-7; Sl 26(27); Jo 12,1-11)

Nesta segunda-feira, a Igreja nos convida a contemplar um gesto de amor e ternura singular de Maria de Betânia. Ontem aparecia a agitação da cidade, hoje a cena ocorre numa casa de família, no aconchego de um lar. A "casa" no Novo Testamento é casa, mas também é símbolo da Igreja, porque Jesus não ensinava seus discípulos no templo, mas em casa, e os primeiros cristãos celebravam a Eucaristia nas casas e não no templo.

Após os ritos iniciais de preparação para a oração, faço a composição de lugar: casa conhecida de Jesus, casa de seus amigos Marta, Maria e Lázaro... casa-Igreja que reúne os amigos(as) de Jesus, os que creem nele: "ofereceram-lhe aí um jantar" (Jo 12,2).

Contemplo esta cena, reconfortante para Jesus no meio da tensão crescente daquela semana. Jesus está consciente da proximidade de sua paixão e morte: "Maria ungiu seu corpo para a sepultura". Somente os homens ocupavam os lugares à mesa, as mulheres serviam. Maria não teve medo de manifestar seu amor apaixonado por Jesus: ela intuiu que era a última vez que Jesus vinha à sua casa. Subitamente, talvez pelo fim da refeição, ela entra na sala, rompe o círculo dos convidados, quebra um vaso de perfume muito caro e o derrama todo (não só algumas gotas) nos pés de Jesus e os enxuga com seus cabelos.

Escândalo para Judas... banho de alegria para Jesus. Maria tomou o lugar do escravo que lava os pés do seu Senhor; teria sido ela quem inspirou Jesus a lavar os pés de seus discípulos na última ceia? Parece que Maria, simbolicamente, transmite com seu gesto uma mensagem consoladora para Jesus, como se lhe dissesse: Jesus, derrama sobre nós, sobre toda a humanidade esse imenso amor que sinto palpitar no seu coração: derrama tudo Jesus: "tendo amado os seus que estavam no mundo, amou--os (com amor extremo) até o fim". Jesus não é um herói de aço. Ele também precisava de amigos(as), de apoio, de conforto, que nesse momento Ele não encontra em seus apóstolos, mas encontra em suas discípulas fiéis até o fim.

"A casa inteira ficou cheia do perfume do bálsamo". A Igreja inteira é ungida por esse bom perfume, esse bom odor de Cristo, que se espalha pelo mundo mal cheiroso do pecado. Pela morte e ressurreição de Cristo e pelo dom do seu Espírito, o "amor de Deus foi derramado em nossos corações pelo Espírito Santo que nos foi dado (Rm 5,5). "Nós somos o bom odor de Cristo e por nós Deus expande por toda parte o perfume do seu conhecimento (2Cor 2,14-15). Somos de fato, discípulos(as) e missionários(as), ungidos com o bom perfume de Cristo, e Maria de Betânia nos convida, também a nós, a derramar todo o nosso amor, sobre nossos irmãos e irmãs, hoje, servindo, consolando, ajudando, partilhando e ungindo seus pés, como servidores(as). "Quem não vive para servir, não serve para viver".

Pedindo a intercessão de Santa Marta, de Santa Maria de Betânia e de São Lázaro, termino com um colóquio íntimo com Jesus e faço a revisão da oração, anotando o que estou aprendendo com Jesus, os sentimentos dominantes em minha oração e o que foi mais significativo para minha vida.

Terça-feira
da Semana Santa

Anúncio da traição de Judas e da negação de Pedro
(Is 49,1-6; Sl 70(71); Jo 13,21-33.36-38)

Após os ritos iniciais, dispondo-me para o recolhimento interior na presença de Deus, faço a composição de lugar, imaginando aquela sala em que se celebra a última ceia, e peço a graça de não trair, nem negar Jesus em minhas crises de fé.

A paixão é iminente... "é chegada a hora". Encontramo-nos agora naquela sala, emprestada a Jesus por um amigo incógnito para celebrar a ceia pascal com seus amigos. O ambiente é pesado: os discípulos acuados sentem medo. Jesus, sereno, revela toda a sua ternura por eles e lhes incute confiança. Poderíamos ler, com proveito, os capítulos 13 a 17 do Evangelho de São João. Ao mesmo tempo, Jesus revela-lhes a traição de Judas, a negação de Pedro e o abandono de todos.

Na minha oração posso perguntar-me pelo processo que levou os discípulos a esse desenlace, para aprender, com a graça de Deus, a não entrar nesse mesmo processo, porque ele pode acontecer também comigo. O que aconteceu para que esses discípulos, que tinham deixado tudo para seguir Jesus, que tinham reconhecido que Ele era o Messias prometido e esperado, que tinham visto tantos e maravilhosos sinais do seu amor, chegassem a traí-lo, negá-lo e abandoná-lo?

No meio da caminhada de Jesus com seus discípulos, aconteceu a chamada "crise da Galileia" (Mc 8,27-38). Pedro, por uma revelação do Pai, confessara que Jesus era o Messias. Logo em seguida Jesus anunciara sua morte humilhante, em Jerusalém. Estoura uma crise no colégio apostólico.

Uma crise pode gerar várias atitudes.

- Pode gerar abandonos: muitos discípulos abandonaram Jesus nesse momento e não andavam mais com Ele (Jo 6,66).
- Pode gerar uma degradação das relações pessoais com Jesus. É a situação dos apóstolos, que ficam com Jesus (Jo 6,67-71), mas não o compreendem mais e não aceitam o seu caminhar para a cruz.

- Pode gerar também uma determinação mais profunda: é o que acontece com Jesus: mesmo que todos o abandonem Ele irá sozinho até o fim no cumprimento de sua missão.

Pelos relatos evangélicos notamos que a partir daquele momento da crise em Cesareia de Filipe, o relacionamento dos apóstolos com Jesus entra num processo de degradação crescente e trágico. Os apóstolos não compreendem mais Jesus e o seu caminhar histórico. A chave dessa incompreensão está em torno da concepção que os apóstolos tinham do Messias, que era a mesma da expectativa messiânica do povo de Israel: o Messias seria um rei poderoso, revestido da força de Deus, que, no poder de Deus, conquistaria o mundo, eliminando os ímpios e instaurando o Reino de Deus na terra. Creem que Jesus é o Messias e que Ele está subindo para Jerusalém, para aí assumir o poder frente aos romanos e ao templo. Os apóstolos estão ambiciosos de poder, de honras e prestígios e discutem entre si sobre quem dentre eles seria o mais poderoso e quem dentre eles ocuparia os lugares de destaque nesse reinado (Mc 10 35-45).

Como todo o povo, eles não entenderam as profecias sobre o "Servo Sofredor", do profeta Isaías, como referentes ao Messias. O messianismo de Jesus não é um messianismo de poder-dominação, mas de "serviço" humilde e desinteressado, de amor que se entrega por nós. Quem ama não oprime nem domina (Is 53).

A partir da crise da Galileia, o relacionamento dos apóstolos com Jesus vai se degradando. Pedro tenta desviar Jesus do seu caminho (Mt 16, 21-23). Judas, que era um zelota, desiludido com Jesus ao perceber que Ele não entrará no seu projeto político, vai traí-lo. Por fim, todos vão abandoná-lo. Jesus é profundamente afetado por essas atitudes de seus discípulos: Ele sofre com suas fraquezas.

Como anda meu relacionamento com Jesus e minha determinação de segui-lo? A fé é para mim fonte de amor-serviço, humilde e desinteressado, ou fonte de ambições pessoais, de status, de prestígio na comunidade? Por acaso quero também ser o maior?

Termino com um colóquio, agradecendo pelo dom da fé e pedindo graças para conhecer Jesus e seu caminho histórico, no coração, e para segui-lo no esvaziamento do "falso EU", ambicioso, orgulhoso e autossuficiente que habita em mim; e jamais traí-lo ou abandoná-lo nas minhas crises e desolações.

Após a revisão, tomo nota dos toques do Espírito no meu coração.

Quarta-feira
da Semana Santa

Judas trai – Pedro nega – todos o abandonam
(Is 50,4-9a; Sl 68(69); Mt 26,14-25)

Após a atenção aos preparativos para concentrar-me na oração e a composição do lugar, peço a graça da fidelidade no seguimento de Jesus.

Nesta quarta-feira santa continuo naquela sala, palco de um momento salvífico de grande densidade e de tantas lições para os discípulos e seguidores de Jesus: o amor de Deus que se entrega por nós; a fraqueza humana dos discípulos que abandonam o Mestre e Senhor; a solidão misteriosa de Jesus, abandonado pelos seus na hora em que Ele mais precisa de sua companhia. Antes de receberem a força do alto, a unção do Espírito no Pentecostes, os apóstolos eram fracos demais para poderem seguir Jesus na realização do projeto de Deus, encarnado no Filho, de amar até o extremo.

De fato, os discípulos viviam numa sociedade orientada segundo as exigências do vencer, do triunfar, do "ser o maior", do buscar o prestígio social e a honra, como o maior valor. O perdedor, o vencido não contava, não tinha valor, pelo contrário, era o excluído, o marginalizado, o pobre. Assim até hoje.

No âmago desse sistema irrompe Deus, que desde o início da revelação manifesta seu interesse e seu cuidado não pelos vencedores, mas pelos perdedores, os vencidos, os marginalizados, os escravizados pelos sistemas opressores, como no Egito. Esse Deus, encarnado na história humana, Jesus de Nazaré, situa-se, desde o início de sua vida terrena, ao lado daqueles que o sistema tinha desqualificado, excluído, numa clara opção preferencial pelos pobres, os pecadores, os marginalizados naquela sociedade, provocando o desgosto, a desaprovação e a rejeição do sistema, das classes dominantes e opressoras do povo.

Assim Deus se tornou pobre e perdedor aos olhos do sistema. Ele assumiu a posição do vencido: "Ele, que era de condição divina, não considerou o ser igual a Deus como algo a que se apegar ciosamente, mas esvaziou-se a si mesmo e assumiu a condição de servo, tomando a semelhança humana, e, achado em figura de homem, humilhou-se e foi obediente até a morte e morte de cruz" (Fl 2,6-8).

A cruz era o lugar exemplar do fracassado e do humilhado. Em Jesus e por amor, Deus assumiu esse status. Em Jesus, Deus optou por considerar a história humana não a partir dos tronos e palácios dos vencedores, mas a partir dos subjugados, dos vencidos, daqueles que não contam e não têm valor aos olhos dos poderosos e seus sistemas. Um Deus que se coloca preferencialmente ao lado dos pequeninos, dos pobres e pecadores para os servir e libertar, nos interpela e nos incomoda muito mais do que um Deus onipotente, todo poderoso que se impõe com suas exigências.

Os apóstolos, naquele momento, não eram capazes de compreender e aceitar um Messias sem poder político, econômico e sequer religioso. A humilhação e o fracasso da cruz os levaram a perder a fé no Messias ("nós esperávamos que fosse Ele quem iria redimir Israel, mas com tudo isso [...]" (Lc 24,21). Não entenderam, naquele momento, que o poder de Deus não é um poder-dominação, mas um poder de amar até o extremo, um poder de "servir", de humildemente lavar os nossos pés. Há limites para o amor? Por não compreenderem esse Deus tão diferente de suas representações, houve entre eles traição, negação, abandono.

No colóquio peço:

- Que no seguimento de Jesus também eu faça opção por um Deus diferente: não pelo Deus dos vencedores, mas pelo Deus dos perdedores, dos pequeninos, dos marginalizados e dos pecadores (entre os quais me incluo).
- Que eu possa fazer parte de uma comunidade eclesial diferente dos contravalores do mundo que exclui os pequeninos e pobres.
- Que essa comunidade seja marcada pelo serviço humilde aos irmãos e irmãs e pela recusa de todo poder-dominação.

Faço a revisão e registro os apelos e as moções espirituais.

Quinta-feira
da Semana Santa

Instituição da Eucaristia e lava-pés
(Ex 12,1-8.11-14; Sl 115(116B); 1Cor 11,23-26; Jo 13,1-15)

Preparo o ambiente interno e externo para viver mais intensamente este tempo de oração; sigo as indicações presentes no início deste livrinho. Peço a Deus a graça de prolongar na minha vida o gesto ousado e provocativo de Jesus: o lava-pés. Com a imaginação, faço-me presente à cena do evangelho, deixando-me configurar pelos gestos e palavras de Jesus.

Os judeus celebravam todos os anos o "Memorial da Páscoa": a libertação, por intervenção de Deus, da escravidão do Egito para a liberdade da terra prometida. O Rabi Gamaliel explicava o que significava celebrar o Memorial da Páscoa: "de geração em geração ao celebrar a Páscoa, sinta-se no Egito: foi a você que Deus libertou; você está lá e participa do amor de Deus que constituiu o Povo de Deus, livre da escravidão. Assim, fazer o "Memorial" não significa apenas recordar, mas celebrar um acontecimento no qual cada judeu estava incluído: se existimos hoje como um povo livre, foi porque Deus nos libertou da escravidão. A libertação do Egito foi o evento fundador do Povo de Deus no Antigo Testamento, com o qual vai fazer uma aliança.

Ao celebrar a ceia da páscoa judaica, Jesus vai dar-lhe um novo e eterno significado: de fato, trata-se de uma Nova Páscoa: a passagem deste mundo para o Pai, a passagem desta vida terrena para a vida eterna, com Deus. A ceia pascal é o evento fundador do Novo Testamento.

"Fazei isto em Memória de Mim". Jesus instituiu o "Memorial" do Novo Testamento. Não se trata simplesmente de "recordar" e repetir os gestos e palavras de Jesus, mas de geração em geração ao celebrar a Eucaristia, a Páscoa do Senhor Jesus, estamos lá, diante da cruz de Jesus e diante do sepulcro vazio: **foi a mim que o Senhor salvou**, arrastando-me com Ele na vitória sobre a morte e introduzindo-me com Ele na vida em plenitude e eterna; por isso, "anunciamos Senhor a vossa morte e proclamamos a vossa ressurreição"; este é o mistério central da nossa fé. Estamos salvos.

Celebrar a Eucaristia, "evento fundador do Novo Testamento", não consiste simplesmente em celebrar um "rito" no qual minha vida não está comprometida, mas de renovar sempre o nosso compromisso de seguir Jesus na sua entrega a nós, no seu serviço humilde e desinteressado a nós, homens e mulheres, de seguir o Jesus histórico nesse novo modo de existir ou de viver a vida, que conduz à plenitude da vida na ressurreição.

O lava-pés. São Lucas nos relata que no final daquela ceia pascal os apóstolos estavam discutindo sobre "qual deles seria o maior". Para fazê-los entender o quanto as ambições de poder, de status social, de prestígio, os distanciava do Deus-Amor-Serviço, Jesus lava os pés de seus discípulos.

Na época de Jesus nenhum discípulo lavava os pés de seu mestre, quando muito as mãos. Lavar os pés era uma tarefa realizada somente pelos escravos mais baixos. Jesus assumiu para si essa tarefa. Nesse contexto não estranha o espanto de Pedro, que pretendia ser "o maior".

Em cada Eucaristia celebrada, Jesus invisivelmente se levanta da mesa e lava os pés de seus discípulos(as), a começar pelos mais angustiados, tristes e sofridos. Deus não está num trono majestoso de Glória, mas humildemente ajoelhado a nossos pés, servindo-nos e amando-nos até o extremo.

Terminando, faço um colóquio de intensa ação de graças pela salvação concedida, e pelo dom da fé no meu Salvador-Jesus e peço para ser admitido como seu discípulo(a), configurando-me cada dia mais com sua atitude profunda de amor, serviço e cuidado atencioso de todas as pessoas que Deus colocar no meu caminho.

Faço a revisão da oração e anoto as moções e as resistências.

Sexta-feira
da Semana Santa

Paixão e morte de Jesus
(Is 52,13-53,12; Sl 30(31); Hb 4,14-16; Jo 18,1-19,42)

Como de costume, recolho-me num silêncio reverente para contemplar a paixão e morte de Jesus e a paixão do mundo. Peço a graça de compreender e mergulhar no mistério do amor mais sublime que apareceu no nosso mundo humano e de conhecer Deus na sua essência.

A primeira coisa que descobrimos em Jesus crucificado, torturado injustamente até à morte pelas autoridades religiosas de Israel e pelo poder político de Roma, é a força destruidora do mal e a crueldade do ódio. Mas, precisamente ali, nessa vítima inocente, nós, seguidores de Jesus, vemos Deus identificado com todas as vítimas e injustiçados de todos os tempos. Despojado de todo poder dominador, de toda beleza estética, de todo êxito político, Deus se nos revela, no mais puro e insondável de seu mistério, como amor e somente amor. Por isso padece conosco, sofre conosco, sofre nossos sofrimentos e morre nossa morte.

Esse Deus crucificado não é o Deus dominador, todo-poderoso e tampouco é o Deus justiceiro, ressentido e vingativo que continua perturbando a consciência de não poucos cristãos. Mas é um Deus humilde e paciente, que respeita até o fim nossa liberdade. Mesmo que abusemos, sempre de novo, de seu amor, é um Deus que nunca responde ao mal com o mal. Ele prefere ser vítima de suas criaturas que seu verdugo.

Um "Deus crucificado" constitui uma revolução e um escândalo que nos obriga a questionar todas as ideias e representações que nós, seres humanos, fazemos da divindade. O Crucificado não tem o rosto nem os traços que as religiões costumam atribuir à divindade ou ao Ser supremo.

O "Deus Crucificado" não é um ser onipotente e majestoso, imutável, alheio aos sofrimentos dos seres humanos, mas um Deus impotente e humilhado, que sofre conosco a dor, a angústia e até a própria morte. Com a cruz, ou termina nossa fé em Deus ou nos abrimos a uma compreensão nova e surpreendente de um Deus que, encarnado em nosso sofrimento, nos ama de maneira inacreditável.

Diante do crucificado começamos a intuir que Deus, em seu mistério último, é Alguém que sofre conosco. Nossa miséria o afeta. Não existe um Deus cuja vida transcorra, por assim dizer, à margem de nossas penas, lágrimas e desgraças. Ele está em todos os Calvários do nosso mundo.

Este "Deus Crucificado" se revela hoje em todas as vítimas inocentes. Está na cruz do Calvário e está em todas as cruzes onde sofrem e morrem os mais inocentes: as crianças famintas, as mulheres maltratadas, os torturados pelos verdugos do poder, os explorados por nosso bem-estar, os esquecidos por sua religião, os excluídos pelos preconceitos raciais ou de gênero...

Nós, cristãos, continuamos celebrando o Deus Crucificado, para não esquecer nunca o "amor louco" de Deus pela humanidade e para manter viva a lembrança de todos os crucificados. É um escândalo e uma loucura.

No entanto, para nós, que seguimos Jesus e cremos no mistério redentor que se encerra em sua morte, é a força que sustenta nossa esperança e nossa luta por um mundo mais humano.

Este "Deus crucificado" não permite uma fé frívola e egoísta num Deus posto a serviço de nossos caprichos e pretensões. Este Deus nos coloca olhando para o sofrimento e o abandono de tantas vítimas da injustiça e das desgraças. Com este Deus nos encontramos quando nos aproximamos de qualquer crucificado. A maneira mais autêntica de celebrar a paixão do Senhor é reavivar nossa compaixão para com os que sofrem. Sem isto, dilui-se nossa fé no "Deus Crucificado" e abre-se a porta para todo tipo de manipulações.

Deus amou tanto o mundo que nos deu seu Filho unigênito, o qual nos amou até o fim, até o extremo da cruz. Não há maior amor do que aquele que dá sua vida por seus amigos... Por mim.

Termino minha oração, aos pés da cruz, num diálogo íntimo de ação de graças com Jesus pela redenção e salvação, minha e da humanidade, e peço a graça de ter a mesma compaixão para com todos os crucificados da história. Posso rezar a oração "Alma de Cristo".

Anoto no meu caderno as moções, os sentimentos e os apelos que surgiram no meu coração.

Sábado
Santo

O silêncio do sábado e a expectativa do triunfo de Cristo
(Is 52,13-53,12; Sl 30(31); Hb 4,14-16; Jo 18,1-19,42)

Hoje, no silêncio da ausência do Senhor, vou me preparar, com Maria, para celebrar com a Igreja a jubilosa Vigília Pascal.
Com a esperança de Maria, a aurora já vai surgindo.

Celebrar a ressurreição de Jesus é celebrar o acontecimento mais importante da história do universo e da humanidade, a saber, a superação da morte. A morte foi vencida para sempre. No momento em que Jesus sentiu que todo o seu ser se perdia definitivamente na morte, seguindo o triste destino de qualquer ser humano, Deus interveio para lhe oferecer sua própria vida. Quando tudo parecia afundar-se no absurdo da morte, Jesus encontrou-se com seu Pai, que o acolheu com amor imenso, impedindo que sua vida ficasse aniquilada. No momento em que tudo se acabava para Jesus, Deus dava início a uma nova criação.

A ressurreição de Jesus é o início da transfiguração do mundo. O mundo da morte chegou ao seu fim. Jesus não voltou a esta vida biológica que conhecemos, mas entrou definitivamente na "Vida de Deus", uma vida libertada, nova criação, onde a morte já não tem nenhum poder sobre Ele.

Os tribunais humanos, o tribunal religioso de Israel e o tribunal civil dos romanos, examinaram a vida de Jesus e julgaram que foi tão perniciosa para a humanidade, que devia ser eliminada de nossa convivência. Deus retomou o julgamento de Jesus e concluiu que, pela vida que viveu, Jesus não merecia a morte, mas a vida para sempre. A justiça é restaurada. O pobre Jesus sempre confiou na "fraqueza do amor" e se colocou ao lado e junto dos "últimos", dos fracos, dos pequeninos, dos rejeitados. Em consequência, foi, também Ele, esmagado pelo poder dos vencedores. Agora abre um futuro de esperança para todos os pequeninos, os vencidos, os pecadores, os rejeitados e marginalizados, os crucificados da história. Deus estava com Ele, nunca o abandonou... Ele venceu.

Ao ressuscitar Jesus, Deus Pai confirma o que Jesus fez e disse, confirma esse modo de viver a vida no amor, na fraternidade, na justiça, na compaixão e na misericórdia. Ao mesmo tempo deslegitima todos aqueles que, em nome do poder e do prestígio, criam sistemas que geram situações de morte, de exclusão, de sofrimento, de injustiças e humilhações para os seres humanos. Todos os projetos dos crucificadores vão fracassar. Todos os sistemas políticos, econômicos, sociais ou religiosos e todos os comportamentos que se fundamentam em poder-dominação, em ambição de prestígio, intimidação e morte, não terão a última palavra.

A ressurreição de Jesus funda também a certeza da nossa ressurreição da morte para viver eternamente na plenitude da vida de Deus. "Esta é a vontade do meu Pai: quem vê o Filho e nele crê tem a vida eterna, e Eu o ressuscitarei no último dia" (Jo 6,40). Ressuscitando o Filho crucificado, Deus fundamenta para toda e qualquer pessoa humana, a confiança de que ela nunca será abandonada, nem na vida, nem na morte, nem após a morte.

Com Maria e as santas mulheres, fiéis a Jesus até o fim, preparo-me neste sábado santo para o grande dia: "Este é o dia que o Senhor fez para nós, exultemos e cantemos de alegria".

Domingo
de Páscoa

Conclusão do Retiro Quaresmal
(At 10,34a.37-43; Sl 117(118); Cl 3,1-4; Jo 20,1-9)

Durante esses dias de retiro quaresmal tivemos a oportunidade de nos aproximar de Jesus e com Ele fazer a passagem da morte para a ressurreição e a vida. Sugiro que neste domingo da Páscoa façamos uma recapitulação do caminho percorrido a partir da narrativa evangélica dos Discípulos de Emaús:

1. O estado de espírito dos Discípulos de Emaús era de uma profunda desolação: tinham perdido a fé em Jesus: tinham seguido Jesus durante sua vida pública e esperavam que Ele fosse o Messias, o Salvador, mas o trágico desenlace final de sua vida, morte na cruz, os decepcionou profundamente: "Nós esperávamos que fosse ele quem iria redimir Israel; mas com tudo isso [...]", e abandonam a comunidade. Qual era o seu estado de espírito no início do retiro quaresmal?

2. Jesus põe-se a caminhar com eles, mas não o reconhecem, e primeiramente deixa que eles expressem toda a sua decepção e tristeza. Em seguida, explica-lhes as Escrituras. Tentamos fazer isto durante o retiro quaresmal. Tomamos contato orante com a Palavra de Deus e é possível que muitas coisas se tenham esclarecido em nossas vidas e talvez tenhamos sentido, durante o percurso, que nosso "coração ardia", sem sabermos bem por que isso acontecia.

3. "Reconheceram-no ao partir o pão", e voltaram apressadamente para Jerusalém, para a comunidade. Ao terminar o retiro sabemos que é Jesus quem caminha conosco na vida, porque Ele está vivo para sempre e vamos segui-lo, confiando nele, levando uma vida com sentido, sabendo de onde viemos, quem somos e para onde vamos.

Voltamos para a comunidade de fé animados de uma nova esperança, para comunicar nossa experiência vivida nesta Quaresma, sobretudo aos mais desanimados, tristes e depressivos e sem sentido para viver. Vamos encontrar Jesus ao partir e repartir o pão da palavra que alimenta a fome de Vida, e vida eterna, que só Jesus nos pode dar: "Eu sou o pão vivo que desceu do céu para a vida do mundo. Quem comer deste pão viverá eternamente" (Jo 6,51). O que mudou na sua vida, na sua imagem ou representação de Deus como Pai? De Jesus como nosso amigo, irmão e salvador? Do Espírito Santo como nosso santificador? Da Igreja, nossa mãe e de nossa participação ativa nela, para que o Reino de Deus aconteça em nossa história? Como alimentar diariamente esta nova vida?

No colóquio final, com muita intimidade com o Senhor, agradeçamos por ter-nos dado a oportunidade de fazermos esta experiência de oração durante a Quaresma de 2023 e prometamos que daqui para a frente nunca deixaremos de diariamente ter, nem que seja por alguns minutos, um momento de intimidade com Ele, a sós, de coração a coração.

Anotações Espirituais

Mensagem final

A equipe do Retiro Quaresmal deseja a todos uma Santa vivência Pascal.

Como Ressuscitado, Jesus exerce o "ofício de consolar". Crer na Ressurreição é prolongar este ministério através de nossa presença consoladora.

Uma inspirada Páscoa a todos!